KB138676

2만원의 철학

2만원의 철학

동네 헬스장 형
구진완은

어떻게 252억을
투자받았을까?

정영재 지음

중앙books

일러두기

'새마을휘트니스'는 외래어 표기 원칙상 '피트니스'로 표기해야 하지만,
등록 상호명임을 감안해 본문에서 사용하는 '피트니스'와 혼용해 표기함.

동네 헬스장 형에서
252억 투자 유치의 신화를 이룬
GOTO 대표가 되기까지

―――

한 지인이 구진완 대표를 내게 소개했다. "피트니스 업계의 떠오르는 신예인데, 젊지만 남다른 철학을 갖고 기업을 운영한다"며 "흙수저 출신이다. 고졸에다 신용불량자 출신인데 피트니스 업계에서는 이례적으로 모든 직원을 정규직으로 고용한다"고 귀띔했다.

구진완 대표와의 인연은 길지 않다. 2017년 6월, 나는 세계적인 경제지 〈포브스Forbes〉의 한국어판인 〈포브스 코리아Forbes Korea〉에 스포츠인 출신으로 성공한 기업인, 스포츠와 긴밀하게 얽힌 CEO 이야기 '스포츠 & CEO' 기획을 연재하고 있었다. 구진완 대표 이야기를 듣고 바로 구미가 당겼다. 당시 구진완 대표가 몸담고 있는 앤앤컴퍼니는 서울과 수도권 역세권에 '새마을휘트니스'라는 센터를 27개 운영하고 있었다.

우리가 처음 만난 곳은 새마을휘트니스 강남점이었다. 지하철 2호선 강남역에서 도보 3분 거리였다. 그는 CEO로는 보기 드물게 삭발을 하고 있었다. 구진완 대표가 살아온 이야기, 새마을휘트니스의 현황과 관련 산업의 미래를 이야기하다 보니 2시간이 후딱 지나갔다.

그날 가장 인상적이었던 이야기는 "피트니스 센터는 더 이상 회원들이 운동만 하는 곳이 아니다. 건강과 스포츠 관련 상품 정보가 끊임없이 제공되고, 효능이 구전되고, 매매가 이뤄지는 플랫폼이다. 우리 회원이 10만 명인데, 그 숫자가 100만 명이 된다면 못할 게 없다"였다. 그는 국내 스포츠산업의 트렌드와 피트니스 업계가 나가야 할 방향을 정확히 꿰뚫고 있었다.

'먹튀'가 판치는 피트니스 업계에 정도正道를 제시하다

〈포브스 코리아〉 2017년 7월호에 '스포츠계의 카카오 꿈꾼다'는 제목으로 기사가 나갔다. 기사의 파장은 피트니스 업계를 중심으로 잔잔하게 퍼져나갔다. 당시에는 신규 회원들로부터 6개월 치 또는 1년 치 회비를 받고 하루아침에 종적을 감추는 '헬스장 먹튀'가 심심찮게 발생했다. 이로 인해 전체 피트니스 산업이 불신

받는 상황이었다. 그 와중에도 새마을휘트니스처럼 원칙과 정도를 걷는 업체는 시장의 신뢰를 받으며 성장할 수 있다는 사실에 업계와 소비자들이 조금씩 반응을 보였다.

그 뒤로 1년여 시간이 흘렀다. 바쁘게 일하다 보니 '앤앤컴퍼니 252억 투자 유치 성공… 국내 피트니스 업계 최고액' 기사가 언론에 나왔는지도 몰랐다. 2018년 12월의 일이었다.

구 대표로부터 다시 연락이 왔다.

"우리 직원들이 다 함께 정직하고 올바르게 일해서 하나하나 쌓아온 모습들을 세상에 보여주고 싶습니다. 저 같은 고졸에 신용불량자 출신 흙수저도 해낼 수 있다는 것, 그래서 그 어떤 분이라도 이 책을 읽고 희망과 감동을 느낄 수 있었으면 좋겠습니다. 마침 저희가 이번에 '새마을휘트니스'에서 'GOTO'로 브랜드를 바꿉니다."

나는 구 대표와 GOTO에 대한 책을 쓰기로 했다. 서울 여의도에 있는 앤앤컴퍼니 본사를 수십번 찾아갔다. 월요일 아침 중견간부들과 함께하는 회의에도 들어갔고, 구 대표가 자신의 집무실에서 2년 차 이하 사원 6~8명을 모아놓고 하는 '가치공유' 모임에도 몇 차례 참석했다. 이 자리에서 구 대표는 자신의 철학과 GOTO의 비전을 설명하며, 직원 한 사람 한 사람의 살아온 얘기를 듣고 꼼꼼히 메모한다. '구진완 정신'은 이 자리를 통해 각 지점 맨 아래 직원에까지 자연스럽게 스며든다.

GOTO 지점을 여러 곳 둘러봤고, 내가 일하는 사무실 근처의

GOTO 지점에 아무도 몰래 1년짜리 회원 등록도 했다. 프런트 직원도, 트레이너들도 모두 밝고 친절하게, 진심을 갖고 고객을 대하는 게 느껴졌다.

구 대표를 믿고 200억 원을 베팅한 자산운용사 담당자를 만났고, 국내 스포츠산업과 피트니스 업계 전문가들도 두루 인터뷰했다. GOTO의 경쟁업체 대표도 만나봤다.

취재를 하면 할수록 놀라운 점을 많이 발견했다. 첫째로 GOTO는 보기보다 탄탄하고, 성큼성큼 성장하고, 미래를 착실히 준비하는 회사였다. 2019년 7월 기준 49개 지점과 여의도 본사에서 일하는 직원 500여 명은 전원 4대 보험을 적용받는 정규직이다. (단 파트타임인 GX 강사는 제외)

지점 100개, 직원 1000명이 목표

———

2018년 12월 252억 원의 펀딩을 받은 뒤 GOTO는 2019년 초 벤처기업협회에서 주는 벤처기업 인증과 중소벤처기업부가 주관하는 '메인비즈' 인증을 잇달아 받았다.

서울지하철 7호선 반포역사와 계약을 맺고 2019년 9월 'GOTO SUB'라는 브랜드를 런칭하기로 했다. 또 서울지하철 5~8호선 30개 역사에 도심형 피트니스 센터를 입점시킨다는 목표로 준비에 한창이다.

부산으로도 진출해 서면·남포동·해운대 등 핫플레이스에 10개 매장을 열기 위해 뛰고 있다. 중국과 베트남 등 아시아 시장 진출을 위한 교두보도 마련하고 있다. GOTO는 2020년 말까지 지점 100개, 직원 1000명을 목표로 하고 있다.

더욱 놀라운 건 GOTO의 조직문화다. GOTO의 트레이너들은 자발적으로 매장을 청소하고, 어려움을 겪는 동료를 돕는다. 자신이 유치한 PT(퍼스널 트레이닝) 고객을 실적이 부진한 동료에게 넘겨주는 경우도 많다.

구 대표가 월요회의와 가치공유를 통해 자신의 철학과 메시지를 전달하면 전 직원은 이를 온전히 받아들인다. 조직에는 활력이 넘치고 기강이 분명히 서 있다. 직원들은 '내가 최선을 다하면 회사는 분명히 내게 보답을 해준다'고 믿는다. '블로그를 활용해 회사 홍보를 하라'가 아니라 '블로그는 이렇게 하는 거다'고 가르쳐줌으로써 직원들의 자발적인 참여를 이끌어 낸다.

가장 놀라운 건 구진완 대표 자신이다. '가방끈'이 짧은 그는 엄청난 독서와 메모로 실전형 실력을 장착했다. 가진 게 없는 그는 '신용'이 가장 큰 재산임을 알고 있다. "죄송합니다. 5분 늦겠습니다. 뛰어갈게요"라고 전화하고서 그는 진짜로 뛰기 시작한다. 무엇보다 진심으로 직원을 존중하고 배려하는 리더다.

2만 원의 철학

이 책에는 구진완 대표의 경영 철학이 고스란히 녹아 있다. '2만 원의 철학'이라는 제목은 초창기 새마을휘트니스 시절 '월 2만 원'이라는 파격적인 이용료를 밀어붙인 구 대표의 뚝심과 아이디어를 표현한 것이다. 회원들과 직원들에게 받은 것 이상을 돌려주려는 '착한 경영' '공유경영'의 다른 이름이기도 하다.

이 책은 GOTO가 252억 원의 펀딩을 받는 순간에서 시작해 시간을 거꾸로 돌려 구 대표의 사업 실패와 재기 과정을 담담하게 풀어냈다. 또 GOTO만의 특별한 성공 전략을 소개하고, 성공 비즈니스를 일궈낸 GOTO 구성원과 조직의 힘을 분석했다. 후반부에는 GOTO의 미래 전략을 소개했고, 마지막으로 창업을 꿈꾸는 예비 CEO들에게 구 대표가 들려주는 '성공의 팁'을 담았다.

규모에 관계없이 기업이나 조직을 운영하는 분들이 이 책을 읽었으면 좋겠다. 팀원 또는 팀장으로 일하는 분들이 GOTO 사람들에게서 자신의 모습을 보고 희망을 발견할 수 있으면 고맙겠다. 취업이든 창업이든 새로운 세상으로 나가려는 젊은이들이 힘을 얻고 목표를 더 명확하게 설정할 수 있으면 참 보람찰 것 같다. 웰빙-힐링-라이프 스타일 쪽으로 확장 중인 피트니스 산업의 얼개와 방향을 보고 싶은 분에게도 추천한다.

이 책이 나올 수 있도록 애써주신 많은 분들께 감사드린다. 구진완 대표와 GOTO 임직원들, 조한별 팀장을 비롯한 중앙북스 편집진이 일정에 맞춰 책을 내는 데 큰 힘을 주셨다. 부족한 아들을 위해 매일 기도하시는 부모님, 내 에너지의 원천인 아내 오정원, 딸 은총이에게도 감사하며 사랑을 전한다.

2019년 여름
정영재

차 례

4 피트니스 산업의
새로운 기준을 제시하는
글로벌 기업

5

**GOTO,
세상 속으로
한 걸음 더 나아가다**

에필로그

GOTO,
피트니스 업계의
게임 체인저

1

GOTO,
피트니스 업계의
게임 체인저

대한민국 최초의
기업형 피트니스

2017년 8월 어느 날, 구진완 새마을휘트니스 대표는 A 창업투자 사의 B 임원을 만났다. 구 대표는 오랫동안 준비해온 자금 펀딩이 생각보다 성과가 나지 않아 어려움을 겪고 있었다. A사는 창투계에서 손꼽히는 회사였다. A사가 움직이면 다른 큰손들이 따라 투자를 할 만큼 업계에 정평이 나 있었다.

B 임원을 구 대표에게 소개한 사람은 새마을휘트니스 서초점에서 운동을 하는 회원이었다. 투자회사에 다니는 그는 평소 새마을휘트니스의 밝고 건강한 분위기, 트레이너들의 헌신적인 모습을 좋게 봤다. 새마을휘트니스가 펀딩에 어려움을 겪고 있다는 얘기를 들은 그는 평소 잘 아는 B 임원에게 구 대표를 소개했다.

B 임원을 만난 구 대표가 말했다.

"저는 자본은 없지만 신용과 신뢰는 있습니다. 새마을휘트니스를 지난 10년간 끌어오면서 급여나 건물 임차료를 한 번도 밀린 적이 없습니다. 그게 얼마나 어려운 일인지 자영업을 해본 사람은 알 겁니다. 그런데 자금에 여유가 없다 보니 숨을 쉴 수도 없고 미래를 준비할 수도 없더군요."

B 임원이 조용히 고개를 끄덕였다. 구 대표가 말을 이었다.

"헬스산업은 세계적으로 활황입니다. 매출이 조兆 단위를 넘어가는 회사도 많습니다. 그런데 우리나라에는 '기업'이라고 할 만한 피트니스 센터가 없습니다. 주 52시간 근무, 워라밸(일과 삶의 조화) 문화 확산 등 피트니스 산업을 이끌 동력은 많죠. 택시 기사들이 콜 잡은 걸 분석해보면 '헬스장'이 크게 늘었다고 합니다. 제가 안정적인 자금 지원을 받는다면 대한민국 최초의 '기업형 피트니스'를 만들 자신이 있습니다."

B 임원이 옅은 미소를 지으며 입을 열었다.

"지금까지 숫자만 갖고 날 설득하려던 사람들만 상대해왔는데 처음으로 마음을 열고 솔직하게 부딪치는 사람을 만났네요. 도움이 된다면 미약한 힘이나마 보태겠습니다."

그는 구 대표에게 IR(기업설명회) 자료부터 새로 만들어야 한다며 당장 다음 날부터 A사로 들어오라고 했다. 그러면서 IR 자료 만드는 법과 프레젠테이션 하는 법, 투자업계의 생태에 대해 설명해줬다. 투자업계에서는 쉽게 볼 수 없는 파격적인 지원이었다.

252억 원, 피트니스 업계의 아이돌이 되다

————

A사가 앞장을 섰다는 소문이 나자 다른 창투사들도 참여하기 시작했다. 그즈음 알펜루트자산운용사의 김항기 대표가 구 대표를 만났다. 김 대표는 2018년 약 200억 원에 이르는 '방탄소년단BTS 펀드'를 단기간 내 조성해 투자하는 등 기업의 핵심 가치에 집중하여 임팩트 있는 투자를 하는 것으로 유명하다. 특히 알펜루트는 '투자 대상의 핵심 역량과 CEO의 성품'을 중점적으로 들여다보는 특징이 있다. 구 대표의 진정성을 높이 산 김 대표는 200억 원의 '통 큰 투자'를 결심한다.

투자가 확정되기 직전 김항기 대표가 구 대표에게 전화를 해 뜬금없이 "새마을휘트니스, 좋은 회사죠?"라고 물었다고 한다. 당황한 구 대표가 "어, 예. 전 당연히 좋은 회사라고 생각하죠. 근데 뭐가 문제가 있나요?"라고 하자 김 대표는 웃으면서 "그건 아니고, 한 번 더 물어보고 싶었어요. 저희 투자할게요"라고 답했다.

결국 보광창투 20억 원, 스마일게이트인베스트먼트 20억 원 등을 합쳐 총 252억 원의 펀딩이 이뤄졌다. A사는 새마을휘트니스가 아시아 시장으로 진출할 때에도 크게 힘을 보태기로 약속했다.

국내 피트니스 업계 사상 최다 액수 펀딩은 이렇게 성사됐다. 구 대표는 이 '실탄'을 가지고 지점의 기구들을 최신 기종으로 교체했고, 지점 숫자를 49개(2019년 7월 기준)로 늘렸다.

브랜드를 새마을휘트니스에서 GOTO로 바꾸는 작업도 탄력

2018년 12월 252억 원 투자가 결정될 당시 구진완 대표

을 받았다. '새마을'이라는 토종 정서를 넘어 글로벌 브랜드로 가기 위한 포석을 마련한 것이다.

2018년 12월 13일 이후 경제 전문매체를 포함한 미디어에서 '새마을휘트니스, 업계 사상 최다 252억 원 투자 유치 성공' 기사를 쏟아내기 시작했다.

새마을휘트니스에서 GOTO로 브랜드를 교체한 구진완 대표

2018년 12월, 앤앤컴퍼니의 투자 유치 보도자료

㈜ 앤앤컴퍼니가 252억 원에 달하는 대규모 기관 투자 유치에 성공했다. 국내 피트니스 업계 최대 규모로 성사된 이번 펀딩에는 '방탄소년단' 투자로 잘 알려진 알펜루트자산운용과 로드스톤PE, 스마일게이트인베스트먼트, 보광창업투자 등 자산운용사와 창업투자회사들이 참여했다.

앤앤컴퍼니는 2010년 보라매점을 시작으로 41호점(방화점)까지 액티브 회원 10만 명, 누적 회원 30만 명을 달성한 국내 매출액 1위 피트니스 전문회사다. 프랜차이즈점이 아닌 직영 방식을 채택하고 있는 새마을휘트니스는 월 회원비 2만 5000원 수준의 합리적인 가격, 지하철 5분 거리 입점, 41개 전 지점 회원권 사용, GX(그룹수업) 프로그램 무료 이용 등 가성비 높은 서비스 전략으로 대중적인 브랜드 입지를 구축해왔다.

앤앤컴퍼니는 이번 투자 유치 금액 대부분을 센터 확장에 사용할 방침이다. 서울·경기 지역 내 초역세권 시장 공략에 집중해 400평 이상의 대형 매장을 100호점까지 개점할 예정이다. 부산·대구 등에도 지역 거점을 확보해 전국 규모로 사업을 확대하고, 10만 명에 이르는 액티브 회원을 기반으로 고부가가치 창출 사업을 접목해나갈 계획이다.

새마을휘트니스를 '피트니스 업계의 BTS'라고 지칭하며 구 대표에 대한 스토리를 소개한 매체도 많았다. '대학 중퇴 학력으로 30대 초반 사업에 한 차례 실패해 5년간 신용불량자로 지내다 앤앤컴퍼니를 창업한 입지전적 인물'이라는 내용이었다. 트레이너와 관리직 등 직원 전원을 정규직으로 채용하고 있는 앤앤컴퍼니는 100호점이 들어서면 정규직 직원을 1000명까지 늘린다는 목표를 갖고 있다는 것도 소개했다.

회원과 직원이 상생하는 '공유경영'

새마을휘트니스 펀딩 실무를 담당한 알펜루트의 박정훈 팀장을 만나 투자 뒷얘기를 들었다.

"우리는 제안받은 금액보다 훨씬 더 많이 투자했다. 트레이너를 포함한 모든 직원을 정직원으로 대우해 안정적인 고용 관계를 맺고, 추가로 들어오는 이익을 회사와 나누는 구조가 너무 좋았다. 새마을휘트니스 각 지점을 기반으로 경영진, 고객, 트레이너, 투자자가 상생하는 결과가 나올 것으로 믿는다."

박 팀장은 국내 피트니스 시장의 한계를 꿰뚫어보고 이를 정면으로 돌파한 구 대표의 추진력을 높이 평가했다.

국내 피트니스 산업의 허들은 고객들이 느끼는 불편함이었다. 공급자가 정한 월 10만 원 이상의 가격을 지불한 뒤에 고객의 절반 이상은 운동을 하러 가지도 않고, 가격에 합당한 서비스가 실제로 제공되지 않는 경우도 많았다. 그 때문에 회원이 줄고, 회원권이 쌓여서 부실 업체가 되는 악순환이 이어졌다. 알펜루트의 입장에서는 구 대표가 그런 악순환을 해결하는 솔루션을 제공했다고 판단한 것이다.

200억 원을 베팅하기 전에 가장 자세히 들여다본 게 무엇이었을까. 센터가 몇 개인지, 매출이 얼마인지도 중요하지만 알펜루트는 수치로 나타낼 수 없는 것들의 가치에 주목했다. 일반적으로 이 업계에서는 종사자들이 행복한 기업 구조를 만드는 게 정말 어려운데 새마을휘트니스는 이미 그 실타래를 풀었다. 트레이너들이 고객에게 양질의 서비스를 지속적으로 제공하려면 무엇보다 리더에 대한 리스펙트(존경)가 전제되어야 한다. 리더십은

특정인이 거대한 자본을 갖고 있다고 해서 갖춰지는 것이 아니다. 투자사는 구 대표가 업業의 본질을 파악하고 가장 기본이 되는 부분부터 하나하나 풀어왔다고 판단했다. 구 대표는 회원과 직원, 리더가 상생하며 행복할 수 있는 '공유경영'을 실천하는 리더였다. 박 팀장은 "여기서 어디까지 확장할 수 있는지를 들여다봤다"고 설명했다.

알펜루트는 새마을휘트니스의 지분 27퍼센트를 보유한 2대 주주다. 알펜루트는 안정된 주주 구성과 확충된 자본을 바탕으로 새마을휘트니스가 양질의 성장을 지속하기를 희망하고 있다. 따라서 단기적 투자 성과보다는 2021년 상장을 목표로 하는 중장기적 로드맵을 회사와 함께 그리고 있다.

상장했을 때 가치를 어느 정도로 예상하는지 묻자 박 팀장은 "미국에 상장된 피트니스 업체 중 시장에서 높은 기업가치를 인정받고 있는 회사가 플래닛 피트니스Planet Fitness다. 그 회사의 이익 대비 시가총액이 40배 정도 나온다. 새마을휘트니스가 100개 이상의 지점을 운영하게 된다면 매출 1000억 원 및 영업이익 200억 원 달성이 가능하다고 본다. 한국을 기반으로 한 글로벌 피트니스 회사를 꿈꾸고 있는 만큼 해외 선진 사례에 대해 회사와 주주가 함께 연구하고 있으며, 플래닛 피트니스를 뛰어넘는 시장의 평가를 받을 수 있는 경영 전략을 지속적으로 수립해나갈 계획이다"라고 밝혔다.

앤앤컴퍼니 설립 때부터 재무를 담당해왔던 이용길 이사는 "투자업계에서 좋은 평가를 해주시니 감사할 따름"이라며 "2020년 지점 수 100개 달성은 크게 어렵지 않겠지만 영업이익 200억 원을 달성하기 위해서는 더 큰 노력과 열정이 필요할 것"이라고 몸을 낮췄다.

택시를 타고 발로 뛰는 대표

구 대표는 2018년 4월경 투자를 받기 전 가장 큰 고비를 겪었다. 투자 유치에 역량을 집중하다 보니 매출에서 문제가 생긴 것이다. 숨이 턱까지 찬 상황에서 직원들이 나섰다. 직원들과 구 대표의 지인들이 십시일반으로 돈을 모아 23억 5000만 원의 내부 증자를 할 수 있었다. 구 대표는 지금도 CEO들을 대상으로 특강을 할 때 이런 말을 한다.

"여러분이 직원들을 다 먹여 살리는 것 같고, 직원들 도움 안 받을 것 같죠? 결정적인 순간에 그들의 도움을 받습니다."

기업체 대표가 거액의 펀딩을 받게 되면 가장 먼저 하는 일이 차를 바꾸는 거라고 한다. 구 대표도 직원이 운전하던 자신의 차량을 처분했다. 새 차를 산 게 아니라 아예 반납을 한 거였다. 그는 지금 택시를 이용한다.

구 대표는 "6년 넘게 쓴 그 차는 '달리는 사무실'이라 해도 좋을 만큼 편했어요. 그 안에서 커피도 마시고, 전화 통화도 자유롭게 하고, 정말 좋았죠. 그런데 펀딩을 받고 보니 대표가 돈 한 푼이라도 허투루 쓰면 안 되겠다는 생각을 하게 됐어요. 투자회사에서 펀딩을 할 때 그 회사의 대표를 가장 눈여겨봅니다. 앞으로 252억 원이 아니라 2000억, 3000억 원을 펀딩 받을 수도 있을 텐데 대표가 몸가짐을 더 조심해야겠다고 다짐했습니다"고 말했다.

앞으로 전개될 이야기를 읽어나가다 보면 그의 말이 결코 '립 서비스'가 아님을 알게 될 것이다.

'신용불량자'의
긴 터널을 지나다

구진완 대표는 '금수저'와는 거리가 멀다. 서울말을 쓰고, 옷도 제법 잘 입고, 성姓도 구씨여서 "혹시 LG 패밀리 아니냐"는 우스갯소리도 듣지만, 아무런 관계가 없다.

집안 형편도 그리 넉넉하지 않았다. 충남 서천 출신인 아버지는 서울공고를 나와서 롯데기공에서 근무했고, 공구조합에서 일하면서 공구신문 편집장에다 〈기계기술〉이라는 잡지도 펴냈다. 기본적으로 엔지니어의 마인드를 갖고 있었던 아버지는 사업을 시작하려고 해도 뜻대로 되지 않았다고 한다. 우리나라에서 처음으로 철수세미를 개발해 특허를 가지고 있었지만 지방에서 비슷한 제품을 너무 많이 만들어내서 결국 망했던 것이다.

구 대표는 워낙 긍정적이고 현실에 쉽게 굴하지 않는 성격이라 어릴 때부터 사람을 만나고 웃기는 걸 좋아했다고 한다. 특히 학창 시절 '학교에서 제일 웃기는 아이'라는 타이틀을 남에게 넘겨주고 싶지 않았을 정도였다.

대학 진학 방향을 결정해야 할 무렵에는 체대 입시를 준비하기 시작했다. 특히 잔발뛰기와 빠른 턴처럼 체대 입시에 중요한 동작에서 두각을 나타냈다. 수도권 모 대학의 체대 입시에서 1등을 한 형만큼 잘했다. 게다가 수능 성적도 예체능 상위 10퍼센트 안에 들었다. 한양대 안산캠퍼스는 충분히 들어갈 수 있을 것 같았다. 그런데 집에서는 "체대 입시 학원비 대 줄 돈이 없다"면서 선을 그었다.

구 대표는 태어나서 처음으로 좌절하고 분노했다. "미안하다"고 말하는 어머니를 뒤로한 채 문을 쾅 닫고 집을 나와버렸다. 친구 집으로 들어가지는 않았다. 그건 '가출'이 아니라고 생각했기 때문이다. 분당 일대의 상가 건물 옥상을 전전하다 사흘 만에 집으로 들어갔다. 그리고 6개월 동안 부모님과 대화를 하지 않았다. 결국 체대 입시를 보기는 했다. 자신의 수능 점수로 안정권이라는 대학에 지원했지만 '재주만 믿고 까불다가' 모조리 낙방했다. 자신보다 운동도, 공부도 훨씬 못하는 친구들은 합격했다. 대신 지방의 한 공과대학에 입학했지만 적성에 맞지 않아 1학년을 마친 뒤 자퇴하고 군대를 갔다.

의무경찰로 복무하면서 그동안 자신이 몰랐던 인생을 조금 배웠다. 방범순찰대로 배속돼 파출소에 나갔다가 본부로 영입되기도 했다. 당시 고참들이 "구진완이 밑에 아무도 없어?"라고 할 정도로 똘똘했다고 한다. 세상을 조금 알고 들어왔으니 약삭빨랐고 윗사람 눈에 들려면 어떻게 해야 하는지를 남들보다 조금 더 알고 있었다.

일경으로 진급을 하고 시간이 좀 생기면서부터 의대 진학을 목표로 삼아 공부를 시작했다. 2년이라는 시간을 그냥 흘려보내는 게 너무 아까웠고, 뭔가에 집중을 해보고 싶었다. 이왕이면 '의대'라는 높은 목표를 향해 원 없이 공부를 하겠다는 마음이었다. 수학은 중1 과정부터 차근차근 시작했고, 영어는 만화로 보는 교재를 달달달 외웠다. 사실 짧은 기간에 '몰아치기' 하는 건 누구보다 자신 있었다. 의경 복무를 마치고 대학 입시를 다시 치렀다. 400점 만점에 300점을 받았다. 비록 의대에 진학하는 결과를 내지는 못했지만 준비하는 과정에서 꾸준함을 배웠다고 한다. 처음으로 어떤 목표를 삼아 긴 여정을 거치며 꾸준히 노력을 하면 반드시 결과가 나온다는 평범한 진리를 깨닫게 된 것이다.

쉽게 얻은 것은 쉽게 사라진다

제대를 하고 6개월 정도 아버지의 일을 도와드렸다. 아버지와는 성격적으로 잘 맞지 않아 함께 일을 하는 데 어려움이 많았다. 자신은 무슨 일이든 현장에서 경험을 해야 한다는 소신이 있었는데 아버지는 머리로만 구상하신다는 느낌이 들었다. 그러다 평소 좋아하던 라켓 운동에 대한 소질을 살려 스쿼시 강사로 생활 전선에 뛰어들었다.

2년간 강사 일을 하면서 사장과 자주 마찰을 빚었다. 첫 직장이라는 생각에 일터와 사장에 대해서 모두 애정을 갖고 열심히 일했다. 그런데 사장이 처음에 약속한 것들을 자꾸 어기기 시작했다. 장사가 잘되면 월급을 10만 원 올려주겠다고 약속했는데 정작 장사가 잘되는 모습을 보이자 이런저런 핑계를 대기 시작한 것이다. 게다가 구 대표가 맡고 있던 스쿼시 강사 팀으로부터 사장 대신 눈치를 받고 있었다. 팀원들이 '월급 올려준다 해놓고….형은 거짓말쟁이'라고 그에게 투덜댄 것이다. 자신만 중간에서 억울하게 거짓말쟁이가 되는 게 싫었던 구 대표는 사표를 던졌다.

'차라리 내가 사업을 하겠다'고 마음을 먹고 뛰쳐나온 게 스물일곱 살 때다. 첫 사업으로 시작한 것은 발레·댄스학원이었다. 서울 양천구 신정동의 낡은 건물 4층에 자리를 잡았다. 1층은 카센터, 2층은 인력파견업체가 쓰는 어수선한 분위기였다. 비록 어머니와 여동생의 카드로 대출을 했고 수중에 있던 돈 몇백만 원을 보태서 시작했지만, 학원은 대박이 났다.

원생이 180명에 이를 정도로 엄청나게 잘됐다. 서울 석계역 부근과 경기도 의정부에도 지점을 만들었다. 학원 세 군데의 매출을 합치니 월 4500만 원 정도는 나왔다. 성과로만 보면 나쁘지 않았지만 이미 실패의 싹이 자라고 있었다. 의정부의 지점을 여는 게 아니었다.

구 대표를 구렁텅이에 빠뜨린, 이른바 '순댓국집 사건'이 잘못의 시작이었다. 신정동 발레·댄스학원에서 함께 일하던 후배가 순댓국집에서 저녁을 먹으며 "형, 나도 지점 한번 해보고 싶어. 월급 한 푼 안 받아도 괜찮아. 나 정말 잘할 자신 있어"라면서 대책 없이 매달렸다. 후배의 성화에 못 이겨 의정부에 학원을 내기로 했는데 정작 보증금으로 내야 할 3000만 원이 없었다. 수중에 돈이라고 해야 1000만 원밖에 없었다. 보증금부터 일수로 빌려서 냈고, 인테리어 할 돈이 없어 내부 인테리어 공사를 직접 했다.

사업을 시작하고 확장하는 경험 없이 뛰어들어 보니 역시 모든 것이 실수투성이였다. 벽을 수직으로 세우는 게 얼마나 힘든지 알게 되었고, 천장에 마감재를 하나하나 붙여 나갈 때는 완전히 접착될 때까지 사다리를 올라탄 채 계속 손으로 받쳐야 했다. 마지막 마감을 할 실력이 되지 않아 그냥 그대로 남겨둔 곳도 있었다. 공사를 하는 내내 간이침대 갖다 놓고 매일 먼지를 마시며 먹고 자고 했다. 아침에 일어나면 매캐한 화공약품 냄새 때문에 목이 따가웠다. 그래도 직접 시공을 하면서 쌓은 실력은 훗날 새마을휘트니스 매장을 만들 때 도움이 되기도 했다. 인테리어 공사 전문가를 부르지 않은 덕분에 비용도 크게 줄일 수 있었다.

처참한 실패, '신용불량 패밀리'가 되다

───────

의정부 지점은 누가 보아도 명백히 잘못된 결정이었다. 배짱과 패기로 밀어붙이는 것도 '사이즈'를 보고 결정해야 했다. 구 대표는 그 시절을 회고하며 "제가 진짜로 사업을 못한다는 걸 깨달았어요. 숫자도 못 보고, 감정적으로 흔들려서 뛰어드는 건 사업이 아니죠"라고 말했다. 이후로는 신중에 신중을 기하게 되었고, 주변에서 누가 뭐라고 하든 감정적으로 판단하지 않게 됐다고 한다. 이른 시간에 큰 걸 깨우친 셈이다.

워낙 가진 것 없이 시작했던 의정부 지점이 기울기 시작했고 '사채 상환'이라는 살인적인 부담감이 닥쳐왔다. 무리하게 사채 이자를 막는 과정에서 석계와 신정동의 지점들도 부실해졌다. 하나씩 하나씩 정리하고, 남은 물품을 아버지 사무실 창고에 넣었다. 4년 만에 모든 게 끝난 것이다.

사업을 정리하고서 수중에 남은 것은 국세 체납금 5000만 원뿐이었다. 구 대표는 물론 그의 가족 모두 신용불량자가 된 것이다. 이른바 '신불 패밀리'였다.

신용불량자라는 굴레는 끊임없이 구 대표와 그의 가족을 옥죘다. 구 대표는 '갚아야 할 돈이 크지만 그 돈이 껌값처럼 느껴질 정도로 내가 성공하고 큰 사람이 되겠다'는 각오와 희망으로 하루하루를 열심히 살았다.

보통 사람 같으면 희망을 잃고 술독에 빠져 지냈을 것이다. 그러나 구 대표는 폐업한 다음 날 바로 일어섰다. 집을 나서려는데 여동생이 그를 불러 세우더니 "교통카드는 있어야 하잖아" 하면서 교통카드 하나를 건네줬다. 자신의 발이 되어줄 교통카드 하나 들고 다니면서 처음부터 다시 일을 시작했다. '명함 만들어 드립니다'라는 전단을 대학로에서 성북구 길음동까지 붙이고 다녔다. 간간이 주문을 의뢰하는 연락이 오면 명함을 제작해 생활비를 마련했다.

구 대표가 명함 제작에 손을 댈 수 있었던 것은 아이러니하게도 댄스학원을 운영했던 경험 때문이다. 댄스학원을 운영하면서 디자인에 특히 관심을 갖게 되었다. 학원이 망하기 2년 전부터는 꾸준히 공부를 병행하기도 했다. 인테리어를 직접 시공하면서도 '디자인을 잡는 사람이 비즈니스를 잡을 수 있다'는 소신이 있었고, 특히 디자인은 밑천이 거의 들지 않아 열심히 노력하면 사업적으로도 성공할 것 같다는 느낌을 받았다.

그러나 디자인을 전공하지도 않은 고졸 사장을 찾는 고객은 없었다. 결국 그가 디자인을 해서 제작하고 팔 수 있는 것이라곤 명함과 지라시(전단지)밖에 없었다. 아무도 그에게 제작을 의뢰하지 않자 그는 결국 스스로 일을 벌이기로 마음을 먹는다. '차라리 내가 클라이언트(고객)가 되겠다'면서 새마을휘트니스를 차리고는 자신이 직접 디자인과 인테리어에 관여한 것이다.

새마을휘트니스 창업 후 4년 동안 국세 체납금을 모두 갚아나갔다. 마지막으로 체납금을 낸 뒤 직원들에게 "드디어 신용불량자의 터널을 벗어났다"고 선언한 그 순간이 인생에서 가장 기뻤다고 구 대표는 말한다.

피트니스 업계의
불문율을 깨다

구 대표는 친구를 좁고 깊게 사귄다. 구 대표가 어려운 시절을 보낼 때 곁에 함께 있어준 친구들, 이경진, 김윤혁, 이용길은 현재 앤앤컴퍼니의 핵심 분야를 책임지고 있는 이사들이다. 등록금도 밀릴 정도로 가난했던 시절에는 친구들이 발 벗고 나서서 그가 자신감을 잃지 않게 도와주었다. 백수 시절에 여자친구를 만나러 갈 때면 친구들이 1만 원씩 꿔주기도 했다.

고3이 되었을 때, 구 대표는 친구들을 모아놓고 말했다.

"야, 우리 졸업하면 헤어져야 해. 우리가 헤어지지 않으려면 같이 사업을 하면 돼. 나 사업할 거니까 너희들도 나하고 죽을 때까지 같이 가는 거야, 알았지?"

친구들은 곧 나의 파트너

구 대표가 친구들과 함께 사업을 시작하기로 마음을 먹은 것은 그냥 친구를 좋아하는 성격 때문이 아니다. 자신을 가장 잘 알고 끝까지 지켜줄 수 있는 사람이 필요했기 때문이다. 또 워낙 자신이 다혈질이니까 평생 한 번도 안 싸운 친구들, 화를 안 내는 친구들이 자신의 곁에 있으면 도움이 될 것이라고 생각했다.

실제로 한번은 구 대표가 완전히 '뚜껑'이 열려서 상대방을 때릴 뻔한 적이 있었다. 그 순간 이경진이 조용히 그의 팔을 잡아끌었다고 한다. 그때 구 대표는 '네가 이 정도로 말리는 것을 봤을 때 내가 참아야 되는 상황이구나' 싶었다고 한다. 친구들이 자신을 너무 잘 알아서 자신이 어디에서 어떤 상처를 입고 힘이 드는지를 말하지 않아도 알았다. 그래서 그들의 작은 도움도 소중하게 여기게 되었다.

이용길은 현재 앤앤컴퍼니에서 재무회계 책임자로 근무하고 있다. 그는 어릴 때부터 정직하기로 친구들 사이에서 유명했다. 스물일곱 살 때 경기도 이천에서 친척 형이 운영하는 휴대전화 가게를 도와준 적이 있었다. 모처럼 친구들이 놀러와서 빨리 나가자고 보채는 가운데서도 그는 "너희 먼저 나가 있어"라면서 10원짜리 하나까지 확인하는 것이었다. 그러고는 장부에 '52만 3220원'이라고 마감을 하고 매장의 불까지 다 끈 다음 친구들이 있는 곳으로 합류했다. 그런 그의 성실성을 믿고 친척 형은 매장에는 거의 나오지도 않았을 정도였다.

구 대표는 친구의 그런 모습을 보고 '아, 나 이 녀석하고 일해야 겠다. 이 녀석이 돈을 만져주면 좋겠다. 내 개인 돈까지 평~생'이라고 생각했다. 그래서 호기롭게 첫 사업으로 발레·댄스학원을 같이 시작했지만, 제대로 준비를 하지 않아 실패의 쓴맛을 보고 잠시 헤어졌다. 그러다 서른한 살에 다시 뭉친 것이다.

죽도록 일해도 희망이 보이지 않는 블랙홀

댄스학원을 접고서 이용길, 김윤혁과 함께 시작한 사업이 바로 디자인 회사였다. 디자인이라는 이름을 내걸었지만, 명함을 주문 받아서 만들어 파는 일에 불과했다. 서울 영등포를 중심으로 범위를 넓히기 시작해 인천까지 오토바이를 타고 다니며 전단지를 붙였다. 전단지를 보고 연락이 오면 명함을 만들어줬다.

친구들과 함께 죽도록 일을 했지만 월 100만 원도 남기지 못했다. 새벽 6시부터 밤 11시까지 일해서 매출은 월 2500만~3000만 원을 찍었지만 돈이 들어오면 더 많은 명함을 찍어야 했고, 직원을 뽑고, 더 좋은 컴퓨터와 설비를 들여놓아야만 했다. 끊임없이 돈이 들어가는 블랙홀, 언제 끝날지 모르는 공포의 터널이었다. 게다가 이용길은 결혼하고 아이가 둘이나 있는데 월급이 30만 원이었다.

"새벽 6시에 수원에서 출근해 영등포로 가서 하루 종일 일하고 공부하고…. 공부는 정말 많이 했어요. 오후 6시 이후에는 '어떻게 팔까'만 생각하면서 지냈습니다. 그렇게 4년이 지나도 100만 원도 못 버니, 더 이상 안 되겠다 싶어서 친구들에게 말했어요. '부족한 돈은 우리 일하고 나서 나머지 시간에 각자 알아서 벌자. 편의점 알바를 하든, 신문이나 우유 배달을 하든.' 우유는 6시간, 편의점은 오후 6시부터 12시까지, 신문 배달까지 다 해도 300만 원 이상 못 벌었죠. 그때 세상의 참담함을 알았어요. 아무리 애쓰고 죽어라 일해도 돈을 못 벌었으니까요. 그때 한 선배가 전화로 '너 센터 관리할래?'라면서 제안을 해왔어요. 얼마 줄 수 있냐고 물으니 300만 원을 준다는 겁니다. 그래, 그거 가지고 친구들 100만 원씩 나눠주자. 그리고…."

구 대표는 당시의 상황을 떠올리다가 말을 흐렸다. 그리고 침묵이 이어졌다. 눈을 감은 구 대표의 볼에 두 줄기 눈물이 흘러내리고 있었다.

"아이 씨, 하나도 안 슬픈데, 그때 생각하니…. 그때 비참함을 느꼈어요. 남자 셋이서 하루 14시간씩 일해도 100만 원도 못 벌고…. 학벌도, 백도 없고, 그런 애들 셋이 모이니까 답이 안 나온다는 걸 그때 알았어요. 5년을 그렇게 노력했는데, 벌어들이는 대로 재투자되는 것도 모르고, 100만 원도 못 벌고, 도와주는 사람은 하나도 없고. 윤혁이나 용길이, 애들을 다 죽이는 느낌이 들었죠. '니네 나가서 일해야지' 하면서 애들을 몰아붙였어요. 나가서

대리운전이라도 하라고. 그땐 대리운전을 찾는 사람도 많이 없었
어요."

새마을휘트니스의 시작

————

구 대표와 친구들은 오토바이를 타고 서울시를 돌아다니면서 전
단지를 뿌렸다. 오전 9시에 출근하면 미팅을 하고 10시부터 오
토바이를 타고 서울과 인천을 누볐다. 오후 4시에 들어오면 상담
과 제작 의뢰가 제법 들어왔다. 6시부터 야근에 들어가 11시까지,
매일같이 야근이 이어졌다. 그런데 구 대표가 오후 2시부터 밤
11시까지 9시간 동안 헬스장 관리를 하자 모두의 숨통이 트이게
됐다. 양천구 목동의 오목교 아탑 피트니스. 세 사람은 너무나 기
뻐했다.

구 대표는 피트니스 센터 관리를 하면서 헬스장이 예전과는 많
이 달라져 있다는 것을 발견했다. 원래 구 대표는 헬스장 사업을
하려는 마음이 없었다. 전단지나 많이 뿌리고 인사만 잘하면 되
는 일로만 생각해 재미를 느낄 수 없었다. 그런 헬스장에 개인 강
습의 일종인 PT(퍼스널 트레이닝)가 도입되면서 큰 변화의 바람이
일고 있었다. 위치가 좋은 피트니스 센터의 경우에는 월 2000만
~3000만 원도 너끈히 벌었다.

디자인 회사로 승부를 보겠다고 다짐했던 구 대표는 거기서 극

적인 턴을 하게 된다. 그때 나이가 서른네 살이었다. 디자인 회사를 계속 이어가다간 장가도 못 가겠다는 생각에 친구에게 회사를 맡기고 나온 것이다. 돈은 한 푼도 없었지만 이상하게 자신이 있었다. 수소문 끝에 서울 대방동 보라매공원 근처에서 3년 동안 문을 닫고 있던 스쿼시장을 찾았다. 전체 150평 남짓한 공간을 보증금 5000만 원에 월세 200만 원을 주고 얻었다. 아무도 들어오려고 하지 않는 곳이라 건물 관리인 측과 협상해서 선금 1000만 원만 지불하고 나머지 4000만 원은 한 달 뒤에 완납하기로 했다. 그렇게 헬스장을 열어 한 달간 회원을 유치해 모은 4000만 원으로 남은 보증금을 채워 넣었다. 기구도 할부로 구입했다. 새마을휘트니스가 첫발을 내딛는 순간이었다.

새마을휘트니스가 탄생하기까지

이미 예전의 구진완이 아니었다. 쓰라린 실패로 점철된 5년 동안 공부를 어마어마하게 했다. 실전에서 터득한 기획력이 새마을휘트니스에서 활짝 꽃을 피웠다. 구 대표는 서울대 소비자학과 김난도 교수가 매년 펴내는《트렌드 코리아》를 꾸준히 읽었다.

당시 구 대표가 가장 관심을 가진 트렌드 키워드는 '가성비'였다. 가성비란, 가격 대비 성능(만족도)이 좋은 제품이 잘 팔린다는 의미의 신조어다. 무엇보다 저렴하되 '싼티'가 나지 않아야 한다.

피트니스 시장의 상황을 조사한 결과를 살펴보면 미국이나 유럽 같은 선진국 시장은 이용료가 월 20~30달러 수준을 유지하면서도 우리나라보다 훨씬 좋은 시설을 갖추고 있다고 한다. 그렇다면 월 회비로는 2만 원 정도가 적정선이라고 판단했다.

구 대표는 그동안 배운 지식과 쌓은 경험을 이곳에 쏟아부었다. 그러면서 그동안 실패한 이유를 돌아봤다.

"제가 삼국지의 유비를 너무 좋아했던 것 같아요. 저도 어렸지만 저보다 더 어린 친구들을 너무 믿고 많은 걸 맡긴 거죠. 수익도 났지만 앞으로 벌면서 뒤로 깨지는 구조를 보지 못한 겁니다."

구 대표는 새로운 마음으로 시작하면서 조직 운영도 타이트하게 하고, 직원들에게 할 말은 하는 쪽으로 방향을 바꿨다. 무엇보다 기존 헬스클럽과의 차별화를 고민했다. '새마을휘트니스'라는 브랜드도 직원들과의 브레인스토밍 끝에 나왔다. 창업 멤버이자 이사로 재직하면서 현재 10개 지점을 맡고 있는 우은준이 당시 기어들어가는 목소리로 "저, 새마을…"이라고 의견을 제시했을 때, 당장 "야, 무슨 식당이야? 촌스럽게" 같은 반응이 튀어나왔다. 그런데 의외로 구 대표의 부인이자 디자인 실장으로 근무하던 이희주가 "야, 그거 괜찮다"며 반색을 했다.

전문 디자이너가 손을 들어주자 분위기가 확 바뀌면서 '새마을휘트니스'라는 브랜드가 탄생했다. 이 실장은 '배달의민족' 서체와 비슷한 캘리그래피(글씨체)를 만들고, 약간 촌스러우면서도 친근한 이미지의 전단지도 제작했다. 우후죽순처럼 난립한 피트니스 센터들과 차별화를 지향했고, '새마을운동', '새마을식당' 같이 새마을 하면 연상되는 이미지들을 끌어들였다. 이들 이미지들에 편승하려면 약간 촌스러운 'B급 정서'가 어울린다고 판단했다.

피트니스 진입 장벽을 파격적으로 낮추다

구 대표는 인력 풀의 의견뿐만 아니라 자신의 경험을 사업에 활용하는 데에도 적극적인 태도를 보였다. 한때 숯 제조 회사의 브랜드 컨설팅을 무료로 해주면서 숯의 효능을 공부한 적이 있었다. 숯이 나쁜 냄새를 빨아들인다는 것에 착안해 2010년 10월 개장한 새마을휘트니스 1호 보라매점에는 평당 1킬로그램이 넘는 숯을 비치하기도 했다. 지금도 이곳에서는 땀 냄새가 다른 곳보다 나지 않는다고 한다.

또 댄스학원을 운영하면서 회원들이 GX(그룹수업)를 선호한다는 것을 알게 되었다. 운동량이 많고 체력적으로 힘든 운동일수록 선생님을 중심으로 여러 사람이 모여 따라 하는 방식이 효과적이기 때문이다. 그런 점에 착안해 새마을휘트니스에서는 파격적으로 월 2만 원에 GX까지 무료로 제공했다. 강사진도 댄스 강습 분야에서 꽤 유명한 후배를 데려와 전면에 내세웠다. 현재까지 GX 강사들을 총괄 관리하는 지현수 본부장이 주인공이다.

"처음부터 세도 너무 센 놈을 붙인 거였어요. 저는 보라매점을 열면서 여기가 마지막이니까 어설프게 하지 말자, 고객들을 간 보지 말자, 내가 줄 수 있는 것은 처음부터 다 주고 시작하자, 이왕 하려거든 끝을 보자고 이를 악물었죠."

그러면서 GX룸도 없던 보라매점에 GX 담당을 할당해 배치했고, 회원 접수와 관리를 담당하는 디렉터와 PT 담당도 따로 뒀다. 완벽한 구성은 아니었어도 최선의 구색을 갖춘 것이다. 그러자 회원들이 구름처럼 몰려들기 시작했다. 상담자 서너 명이 쉴 틈도 없이 돌아가면서 회원 접수를 받았다. 그 와중에도 실내 공사는 계속 진행했다. 오늘 벌어들인 돈으로 자재를 사서 내일 공사를 하는 식으로 지점이 운영되기 시작했다. 10호점까지 그렇게 공격적으로 지점이 만들어졌다. 전단지를 돌리는 오토바이 부대는 신명이 났다. 곧 지점이 생기는 일대의 전봇대가 새마을휘트니스 광고로 도배되다시피 했다.

그 과정에서 고생한 친구들과의 약속은 꼭 지켰다. 특히 새마을휘트니스로 벌어들인 돈은 n분의 1로 똑같이 나눴다.

단, 돈은 똑같이 나누는 대신 경영은 나눌 수 없다고 선언했다. 모든 결정은 구 대표가 내리되 창업 멤버인 친구들의 의견을 충분히 듣겠다고 선언한 것이다. 지금도 그 약속은 변함없이 지키고 있다.

2만 원의
철학

'월 2만 원에 GX가 무료.'

새마을휘트니스 초창기에 제작한 전단지의 홍보 문구다. 월 2만
원(부가세 10퍼센트 포함 2만 2000원)만 내면 센터 내 모든 시설을 이
용할 수 있고, 강사가 진행하는 GX에도 참가할 수 있다. 당시 피
트니스 센터를 이용할 수 있는 최저 가격이 한 달에 5만 원이었
음을 감안하면 파격적인 금액이라고 할 수 있다. 한마디로 말도
안 되는 가격으로 고객을 사로잡았다. 물론 동종업계의 경쟁업체
들로부터 쏟아지는 비난을 감수해야 했다. "어디서 듣보잡 업체가
나타나 업계 물 다 흐리고 시장을 파괴한다", "다 죽자는 거냐"며
구 대표를 대놓고 욕하기도 했다.

하지만 구 대표는 꿈쩍도 하지 않았다. 이유는 두 가지였다. 첫째, 자신이 직접 눈으로 확인한 피트니스 선진국인 미국과 유럽의 업체들이 월 20달러 정도 가격으로 운영을 하고 있었다. 미국의 에퀴녹스Equinox라는 럭셔리 센터를 제외하면 대부분 20~30달러 선에서 월 이용료를 받고 있었다고 한다. 독일이나 영국 같은 유럽의 도심형 피트니스 센터도 마찬가지였다. 구 대표는 그 정도 가격으로 피트니스 업체를 운영해도 충분히 가능하다는 것을 확인한 셈이다. 오히려 그동안 무슨 근거로 월 5만 원 이상 받는지를 반문하게 되었다고 한다.

또 다른 이유는 구 대표 자신의 아픈 경험에서 우러나온 것이다. 첫 사업에 실패하고 신용불량자로 분류되어 명함을 팔고 다닐 때, 구 대표는 헬스장에 정말 다니고 싶었다. 현재 부인이자 당시의 여자친구인 이희주에게 잘 보이고 싶었기 때문이다. 제법 뚱뚱했던 터라 옷맵시라도 좋게 만들 생각에 공원에서 열심히 운동을 했다. 당시 헬스장의 월 이용료는 3개월 일시납으로 15만 원 정도였다. 구 대표로서는 월급 50만 원을 받던 시절이라 도저히 헬스장에 갈 엄두를 낼 수 없었다. 그런 개인적인 경험을 떠올리며 새마을휘트니스를 시작할 때 '소득 기준 하위 10퍼센트를 빼고는 운동하고 싶은 사람이 돈 때문에 포기하는 일이 없도록 가격을 책정하자'는 다짐을 했던 것이다.

업계의 비난을 한 몸에 받은 신사업

구 대표와 함께 새마을휘트니스를 시작한 이용길 이사로부터 당시 상황을 들었다.

"2010년 10월에 1호점을 오픈했어요. 처음 구 대표로부터 월 2만 원에 유니폼과 사물함 이용료는 별도이고 이런이런 서비스는 무료로 제공한다는 말을 들었을 때 대단하다고 생각했어요. 이건 무조건 대박이라는 느낌이 들었죠. 실제로도 대박이 났죠. 이 가격에 이 정도 혜택을 준다면 누구나 등록을 할 거라고 판단했습니다."

이 이사는 구 대표가 첫 사업인 댄스학원을 시작하기 전 스쿼시장 지점장으로 일할 때 스쿼시 코치로 함께 활동했다. 당시 스쿼시와 헬스를 묶어서 3개월 24만 원, 6개월 36만 원, 1년 72만 원의 가격으로 운영을 했었다. 이와 비교하면 새마을휘트니스는 가격이 싼 것 같아도 총 매출에서는 결코 떨어지지 않았다.

오래 비워놓은 스쿼시장을 리모델링해 개장한 새마을휘트니스 1호점(보라매점)은 그야말로 대박이었다. 오히려 회원이 너무 많아서 문제가 될 정도였다. 퇴근 시간에 사람들이 몰리면 트레드밀(러닝머신) 자리 잡기 경쟁이 펼쳐졌고, 탈의실이 미어터지면서 회원들끼리 어깨를 부딪히기 일쑤였다. 사물함이 모자라 큰 바구니에 옷을 담아놓는 일도 부지기수였다.

이 이사는 당시를 회고하며 웃음 짓다가도 자신들이 오판한 것

새마을휘트니스 1호인 보라매점 초창기 모습

GOTO 보라매점 2019년 6월 모습

이 한 가지 있다고 털어놓았다.

"세상에 없던 가격이었잖습니까. 그런데 우리가 잘못 생각한 한 가지는 회원의 80퍼센트 이상은 재등록을 할 줄 알았다는 것입니다. 사업을 시작한 초반에 많은 사람들이 등록하는 바람에 헬스장이 좁게 느껴지고 회원들이 많다면서 사람들이 더 이상 재등록을 안 하는 겁니다. 그래도 사람들이 몰리는 시간을 피해서 회원들을 유도하고, 메리트 있는 가격과 직원들의 친절함으로 어필을 하니 꾸준히 재등록을 해주시더군요. '여기는 사람 많고 좁은 게 단점'이라는 말을 듣고 그걸 보완하기 위해 청소, 청결, 인사 같은 서비스를 진짜 열심히 했죠."

한편 경쟁업체들은 '어디까지 버티는가 보자'는 심산으로 새마을휘트니스를 지켜보고 있었다. 모두들 임대료에 직원 인건비까지 맞추느라 힘이 드는 상황이었다. 구 대표는 어떻게 하면 회원들에게 더 많은 서비스를 줄 수 있을지를 고민했지만, 다른 곳에서는 새마을휘트니스처럼 운영하다가는 한 방에 훅 갈 거라는 소리만 했다. 당시를 회상하며 이 이사는 "대부분 헬스장 사장이 이익을 거의 다 가져가는 후진적인 구조로 운영되고 있었어요. 우리도 연습생 강사라는 이름으로 열정 페이를 강요당하고, 청소도 엄청나게 하면서 일을 배웠죠. 업계의 상황이 그렇다 보니 우리가 좋은 표적이 된 거죠"라고 말했다.

경쟁자가 인정한 새마을휘트니스의 강점

새마을휘트니스와 구 대표가 업계에서 이단아 취급을 받은 것은 어제오늘의 일이 아니었다. 2014년, 강남 피트니스 업계에서 잘나간다는 경영자들의 모임이 있었는데 언제부턴가 참석자들 입에서 새마을휘트니스 얘기만 나오기 시작했다. '문제가 심각하다', '시장을 저급화시키고 있다'는 식의 말들이 오가기도 했다. 대한피트니스전문가협회KPFA 이사장을 맡고 있는 김수미 아이핏IFIT 대표도 당시의 참석자 중 한 사람이다. 아이핏은 1년에 1~2회 피트니스 업계의 최신 트렌드를 소개하는 피트니스 컨벤션을 열고 있다.

에어로빅 국가대표 출신인 김 대표와 구 대표의 인연에는 참으로 극적인 반전이 있다. 김 대표가 처음 구 대표를 만난 건 업계의 의사를 전하기 위해서였다. 김 대표는 경영자 모임의 대표 자격으로 구 대표를 만나러 온 것이었다. 당시 그는 강남에서 필라테스 센터를 운영하며 월 15만 원의 이용료를 받고 있었다. 그런데 월 2만 원짜리 피트니스 센터가 옆에 생기니 얼마나 신경 쓰였겠나.

그런데 정작 구 대표는 김 대표가 자신을 컨벤션 강사로 초빙하기 위해 왔다고 착각해 본인이 새마을휘트니스를 시작하게 된 계기부터 업계에 대해 품고 있는 비전 등을 풀어놓기 시작했다. 구 대표의 이야기를 듣던 김 대표는 깜짝 놀랐다. 체육을 전공하지도 않은 사람이 월 2만 원이라는 헐값을 경쟁력으로 삼아 승부

새마을휘트니스 1호인 보라매점 초창기 GX 룸 모습

골프연습장까지 갖춘 GOTO 보라매점 2019년 6월 모습

를 걸려 한다고 생각했는데, 미국, 유럽 등 글로벌 피트니스 업계의 동향이나 국내 피트니스 업계의 청사진을 다 꿰고 있다는 데 탄복한 것이다. 오히려 "선진국에선 월 19달러, 20달러를 받는다는 사실을 알고 계십니까. 대표님이 정한 월 15만 원은 도대체 뭘 근거로 한 겁니까"라며 자신에게 역으로 따지듯 묻는 구 대표에게 설득을 당했다.

구 대표가 제시한 '2만 원'이라는 가격은 충분한 시장조사와 한국 피트니스 산업이 가야 할 방향을 고려한, 명확한 근거에 바탕을 둔 것이었다. 김 대표는 구 대표의 사업 철학을 전해 듣고는 그 자리에서 마음을 바꾸었다. 김 대표는 구 대표의 말에 아무 대꾸도 하지 못하고 돌아와서 사람들에게 "야, 나 2만 원의 철학을 듣고 뒤통수 맞고 왔다"며 고개를 내둘렀다고 한다.

그러고는 오히려 아이핏 피트니스 컨벤션으로 구 대표를 초청해 구 대표와 새마을휘트니스의 철학을 전하는 것이 어떻겠냐고 제안을 했다. 김 대표는 피트니스 업계의 사람들이 자칫 의식의 변화 없이 새마을휘트니스의 가격 정책만을 흉내 내 단순히 경쟁력을 높이기 위해 가격을 낮출 우려가 있다고 판단한 것이다.

"같은 월 회비 2만 원이라도 내용은 다릅니다. 옆집과 경쟁에서 이기기 위해 받는, 철학 없는 2만 원은 의미가 없는 거죠."

김 대표의 제안에 구 대표는 처음에 자신과 직원들 사이에서만 공유된 철학을 전파하는 데 조심스러운 입장을 취했다. 하지만 김 대표의 끈질긴 설득 끝에 구 대표도 두 손을 들었다고 한다.

"그 이후 구 대표의 방향이 많이 바뀌었어요. 새마을휘트니스의 성공만 꿈꾸던 사람이 피트니스 산업의 성공, 산업의 바른 방향을 생각하게 된 거죠."

1000원짜리 김밥에서 얻은 아이디어

구 대표의 저가 정책은 '김밥천국론'과 맞닿아 있다. 구 대표는 학창 시절에 가족 여행을 한 번도 가본 적이 없다고 한다. 그가 학생 때 인기를 끌었던 대명콘도도 3500만~4000만 원짜리 회원권을 가진 사람만이 갈 수 있는 곳이었다. 구 대표는 일본의 호시노 리조트 같은 걸 만드는 게 꿈이라고 했다. 어렸을 때 가난 때문에 갈 수 없었던 리조트를 정말 좋은 시설과 저렴한 가격으로 구현해내고 싶다는 바람을 목표로 삼은 것이다.

구 대표는 아직도 가난한 사람이 많은데 자신들에게 보이지 않는다고 해서 존재하지 않는다고 생각하면 안 된다고 강조한다. 지금도 반#지하에서 장판 깔고 사는 사람들이 많고, 아이 셋을 키우면서 가족 여행 한 번 가본 적 없는 사람들이 많다. 그런 사람들이 열등감을 느끼지 않으면서 마음껏 쉬다 올 수 있는 곳을 만들고 싶은 게 구 대표의 생각이다. 그가 헬스장에 돈 내고 다닐 수 없어서 새마을휘트니스 만들 때 이용료를 2만 원으로 결정한 것과도 맞닿아 있는 지점이다.

"김밥천국이 김밥 한 줄을 1000원에 팔았잖아요. 저는 진짜 배고플 때 김밥천국 때문에 살았거든요. 저는 새마을휘트니스가 월 2만 원 받는다고 싫어하는 사람들한테 역으로 물어봐요. '너는 김밥천국 싫었니? 나는 김밥천국 때문에 내 청춘이 있었어. 월급 80만 원 받을 때 점심으로 500원짜리 건빵에다 500원짜리 콜라 마셨어. 스물네 살에 영업을 하면서 공원에서 그거 먹고 다녔어. 그런데 김밥천국에서 1000원만 내면 김밥을 앉아서 편안히 먹을 수 있고, 물도 주고 국물도 주니 얼마나 좋아'라고요. 김밥천국 생겼을 때 당시 잘나가던 O김밥과 K김밥은 김밥천국을 욕하고 시기했어요. 그런 김밥천국 매장이 1000개까지 생겼다고 하잖아요. 피트니스도 마찬가지입니다. 그동안 소비자들은 적은 금액을 내고 헬스장에서 운동을 하고 싶어도 할 수가 없었어요. 지금에서야 시장이 좋아져서 2만 원짜리가 생긴 겁니다."

진화하는 고객과 트렌드를 겨냥한 새로운 브랜드

고객의 니즈를 정확히 읽은 새마을휘트니스는 3년 만에 10호점을 돌파했고, 놀라운 기세로 뻗어나가기 시작했다. 그리고 2018년 말 252억 원 펀딩을 계기로 새로운 도약을 시도했다. '새 술은 새 부대에 담는다'는 차원에서 글로벌 스탠더드에 맞춰 브랜드를 '새마을'에서 'GOTO'로 바꾼 것이다.

GOTO 보라매점 입구 모습

2019년 3월 코엑스에서 열린 서울 국제 레저스포츠산업전SPOEX
에 맞춰 앤앤컴퍼니는 새 브랜드와 로고를 공개하고 GOTO로
새 출발을 선포했다. 2019년 3월에 개장한 선릉점은 처음부터
GOTO로 시작했고, 나머지 지점은 간판, 유니폼, 전단지 등을 새
마을휘트니스에서 GOTO로 차츰차츰 바꿔나갈 계획이다.

앤앤컴퍼니 조현곤 본부장은 브랜드를 바꾸는 과정을 통해 트
렌드가 바뀌고 있음을 실감하게 되었다고 말한다.

"돈도 돈이지만 지금까지 구축해왔던 '새마을'이라는 무형의
자산이 없어지는 데 대한 아쉬움도 컸어요. 그런데 브랜드가 바

뛰는 과정을 지켜보면서 '이게 시대 흐름이구나' 하는 걸 느꼈어요. 사실 그동안 '새마을'이라는 이름 때문에 가입을 꺼리는 분들이 있었거든요. '전前 대통령과 무슨 관계냐'부터 심지어 유명 식당 체인인 '새마을식당과는 무슨 관계냐' 하는 질문도 많이 받았죠. GOTO는 피트니스 업계에 없던 새로운 브랜드로, GOTO라는 상위 브랜드 밑으로 수많은 하위 브랜드를 붙일 수 있는 복합 브랜드입니다."

구 대표도 '새마을'이라는 브랜드를 접고, 'GOTO'라는 새로운 브랜드로 시작하면서 긴장과 설렘을 동시에 느낀다고 토로한다. 또 끊임없이 진화하는 피트니스 업계의 흐름에 발맞춰 자신들의 도전 정신도 거듭나야 한다는 것을 강조한다.

"저희 회원의 절반이 20~30대입니다. 이들에게 '새마을'은 약간은 생소하고 레트로한 감성을 불러일으키는 B급 정서죠. 그런데 계속해서 등장하는 새로운 세대에게 더 이상 새마을은 적절하지 않은 것 같았어요. 지금 변하지 않으면 더 힘들어지겠다 싶었고, 글로벌 스탠더드로 한 단계 올라서야 한다고 느꼈습니다. 다만 변화는 하되 변함이 없어야 하는 것도 분명 있습니다. 우리가 추구해왔던 내실, 가성비, 고객 존중, 노력하는 모습, 성실함은 변하지 말아야겠죠."

개인소득 3만 달러 시대를 여는
신 개념 피트니스

김도균 (한국스포츠산업협회장) **인터뷰**

김도균 경희대 체육대학원 교수는 '현장을 아는 선생'이다. 경희대 체육학과를 졸업한 그는 나이키코리아에서 일하던 1994년 '나이키 3대3 길거리 농구대회'를 개최해 대박을 쳤다. 그는 2018년 한국3×3농구연맹의 창설을 주도했고, 초대 회장을 맡았다. 또한 한국스포츠산업협회장으로서 스포츠와 산업의 연계를 꾸준히 시도하고 있다.

구진완 대표를 필자에게 소개한 분도 김 교수다. 그러고 보니 이 책의 씨앗은 김도균 교수가 뿌린 것이나 다름없다. 김 교수는 구진완 대표를 어떻게 보고 있을까.

Q. 구진완 대표와는 어떻게 인연을 맺었나

A. 김수미 아이핏 대표를 통해서다. 에어로빅 국가대표 출신인 김 대표가 대한피트니스전문가협회를 설립했는데 거기서 이사로 참여한 구 대표를 처음 만났다. 2015년 미국에 스포츠 피트니스 산업 연수를 함께 가면서 친해졌다. 새마을휘트니스 매장이 열대여섯 개 정도 있을 때였다. 무척 순진한 사람이라는 생각이 들었다. 그런데 그 순진함이 엄청난 강점으로 느껴졌다. "저는 학벌도 안 좋고 피트니스 전문가도 아니고…, 그러니 교수님 같은 분이 절 도와주셔야 해요"라면서 그는 늘 고개를 숙였다. 그런데도 내가 모르는 큰 저장고 같은 게 있다는 느낌을 받았다. '책 읽는 거, 여행하는 거, 사색하는 거 좋아하는 사람일 뿐'이라는데 누가 무슨 얘길 해도 항상 수용을 했다. 이 친구의 순수함이 어떻게 회사를 통해 구현될까 궁금했다. 그러던 차에 우리 학교 학생들을 데리고 구로구에 있는 새마을휘트니스 교육관 견학을 가서 이 친구 강의를 처음 듣고 깜짝 놀랐다. 내가 무슨 얘기를 한 게 부끄러울 정도였다. 내가 생각하고 있는 게 머릿속에 다 있고, 나름대로 피트니스 센터에 대한 철학도 다 있었다. 그리고 그가 회사에서 어떤 위치인지 존재감을 보게 되었다. 내가 이 친구를 너무 띄엄띄엄 봤구나 싶었다. 감탄사가 절로 나왔다.

Q. 구 대표의 매력은 무엇인가

A. 나와 친해지면서 '사람을 소개해달라'는 부탁을 많이 했다. 인맥 쌓으려고 하는 게 아니었다. 자신의 멘토로 삼고 싶은 분을 연결해달라는 뜻이었다. 자신이 벤치마킹할 사람을 만나면 구 대표는 자기 얘기는 거의 하지 않고 상대의 깊은 것을 끌어내기 위해 끊임없이 질문을 한다. 구 대표는 엄청난 독서량을 갖고 있고, 사색을 많이 한다. 사색과 검색은 다르다. 책 읽으면서 메모하고 줄 치는 사람이 있는 반면 이 친구는 책의 내용을 아주 깊게 되새김질한다. 그의 폭넓은 지식과 남다른 경영 철학은 책과 여행과 사색에서 나왔다고 본다.

Q. 구 대표를 '야성적인 사람'이라고 했는데 어떤 의미인가

A. 데이터보다는 느낌대로 간다는 점이 돋보인다. 스티브 잡스 같은 직감이 묻어난다. 많이 생각하거나 고민하지 않고 현장에서 본 것을 바탕으로 바로바로 실행에 옮긴다. '새마을휘트니스 월 이용료를 왜 2만 원으로 했나'라고 묻자 '미국이나 유럽 가서 보니 다 이용료가 20~30달러인데 그걸로도 먹고 살더라고요'라는 식이다. 또 하나 놀라운 건 직원들을 부하로 대하는 게 아니라 완전 동생처럼 생각한다는 점이다. '너 왜 투자를 받냐'고 물었더니 '동생들 월급 주려니까 너무 걱정이 많았어요. 나는 좀 덜 벌더라도 동생들 안정적으로 월급 줄 수 있으면 정말 좋겠다 싶었죠'라고 대답했다.

Q. 구 대표를 창의적인 사람 같다고 말한 이유는 무엇인가

A. 지금까지 스포츠계는 아침형 인간이 대세였다. 구진완은 저녁형 인간이다. 예술적 감각이 뛰어나고 창조적 작업에 능하다. 피트니스에 창의력을 엄청나게 집어넣는다. 독특한 회원관리 시스템, 사물함과 러닝머신에 광고 유치, 참숯·승마기·반신욕기 도입, 피트니스 관련 기업과 제휴해서 제품 팔기 등. 구 대표는 국내에서 최초로 피트니스를 플랫폼 비즈니스로 바꾼 사람이다. PT 강사 노동력 뜯어먹는 게 아니라 플랫폼에 무엇을 얹을 것인지를 고민한다. 회원이 10만 명 넘어가니까 거기서 나오는 빅 데이터와 인원 효과를 적절하게 기업들과 활용한다. 도대체 저런 걸 어디서 배웠을까 싶다.

Q. GOTO가 어떻게 252억 원을 펀딩 받을 수 있었다고 생각하는가

A. 이미 계산기를 두드려 계산이 끝났기 때문에 베팅을 한 거다. 이 산업이 장래성 있느냐, 장래성 있다면 이 산업을 이끌어가는 리딩 컴퍼니가 어디냐, 그 업체에 투자하면 ROI Return on Investment(투자자본수익률)가 어떻게 될까 등 시뮬레이션을 다 한 결과인 셈이다.

Q. 국내 피트니스 산업은 어떻게 바뀌고 있나

A. 개인소득 3만 달러 시대가 되면 피트니스가 라이프형, 즉 생활이 된다. 1만~2만 달러 시대에는 선택적인 것, 즉 건강해야 하고 아프면 안 되고 여름 되면 몸 만들어야 하고, 그래서 헬스장에 다녔다. 이제는 피트니스 산업이 커지면서 개선스포츠나 디렉스 같은 국내 헬스 기구 회사가 엄청나게 성장하고 있다. 용품 메이커인 나이키, 아디다스는 불황이 없다. 수요가 늘어나니까. 과거 보디빌딩장, 체육관, 헬스장으로 불리던 것이 요즘은 센터나 스튜디오 개념으로 바뀐다.

Q. 구 대표의 마케팅 포인트는 무엇인가

A. 구 대표는 대형과 소형 사이 틈새시장인 중소형 피트니스를 적절하게 포지셔닝했다. 그리고 모든 지점을 직장인이 걸어서 갈 수 있는 역세권에 세웠다. 잭 웰치가 월마트 매장을 교차로나 역 근처에 세운 것과 같은 이치다. 우리나라는 '직장은 종로, 집은 잠실'처럼 이동형 직장인이 대부분이다. 그래서 새마을은 걸어서 10분 이내인 초역세권에 지점을 오픈한 것이다. 그다음이 식품이다. 운동 전후에 먹는 보충제는 미국에선 20년 전부터 뜬 사업이었다. 이제 우리나라도 돈 있으니까 먹으면서 운동한다. 피트니스가 점점 산업적 구조를 갖춰가고 있다.

Q. 새마을휘트니스를 GOTO로 바꿨는데 적절한가

A. 적절한 시점에 잘 바꿨다. 글로벌 트렌드를 따라가는 거다. 솔직히 새마을과 구진완은 정반대 캐릭터였다. 구 대표는 브랜드Brand를 보지 않고 브랜딩Branding을 봤다. 끊임없이 더해가면서 새로운 모습을 만들어간다. 새마을은 너무 정형화되어서 더 이상 나갈 수 없다. 철도가 동쪽으로 달리다 동해 바다에 막힌 것 같은 느낌이었다. GOTO라는 브랜드는 무엇보다 확장성이 좋다.

Q. 국내 피트니스 산업 생태계는 어떤가

A. 국내 피트니스 센터의 95퍼센트가 생계형이다. 콜라가 코카콜라와 펩시, 가전家電이 삼성과 LG로 정리되듯이 이 산업도 시장에서 정리될 것이다. 우리나라는 도심형 피트니스 센터가 많이 분포돼야 하는 구조다. 그동안 우후죽순 격으로 생겨났지만 지금은 과거와 달리 필라테스, 스피닝, 요가 등으로 세분화하는 추세다. GOTO는 다양성을 갖춘 게 강점이다. 시장이 좀 더 세분화·전문화하면서 횡적·종적 합종연횡이 이뤄질 것으로 본다. 소비자가 달라졌다. 과거에는 가성비(가격 대비 만족도), 가심비(가격 대비 심리적 충족도)를 따졌다면 이젠 '가오비'다. 소위 '가오(얼굴 또는 체면이란 뜻의 일본어)'를 중요시한다. 내가 이런 거 한다, 여기 갔다, 이거 먹었다는 자기 과시가 세상을 움직인다.

Q. 지하철 역사 내 GOTO SUB에 대해 어떻게 보는가

A. GOTO SUB는 푸드 트럭 같은 거다. 이벤트 있는 곳에는 항상 푸드 트럭이 나타나듯이 사람들이 제일 많이 몰리는 지하철 역사에 피트니스가 찾아가는 건 당연하다. 지금까지 사람들이 생각하지 않았거나 생각만 하고 실행하지 않은 것을 구 대표가 선점한 거다. 이 시스템은 세계 최초여서 뿌리를 잘 내리면 세계 각국으로 수출할 수 있다. 지난 3월 코엑스에서 열린 SPOEX에서 선보인 'GOTO 라이브'도 폭발적인 인기를 끌었다. GOTO는 상암동에 스튜디오를 개설하고 그곳에서 라이브 방송을 통해 49개 지점으로 GX 프로그램을 전송하면 현장에서 다른 강사가 참가자들의 몸동작을 교정해주거나 파이팅, 치어 업을 통해 운동의 동기와 재미를 부여했다. PT 지도자의 개념이 1 대 1 레슨에서 다대다多對多로 바뀌고 있다. 이 패러다임 변화를 구 대표가 이끌고 있다.

Q. 국내 피트니스 시장은 어떻게 변할까

A. 피트니스는 선진국에선 가장 선진화한 산업 중 하나다. 매슬로우의 '욕구 5단계설'에서 가장 높은 곳에 있는, 가장 차원 높은 욕구가 자아실현의 욕구다. 구찌나 샤넬이 인간 욕망의 가장 꼭대기에 있듯이 건강을 통해 자신을 과시하는 것은 인간의 가장 큰 욕구 중 하나다. 그런데 왜 우리는 발전 못했나. 우리에게 맞는 피트니스의 비즈니스 형태가 없었기 때문이다. 우리의 의

식주 중에서 가장 먼저 변한 게 옷이다. 서양 옷(양복)이 들어오면서 한복이 다 사라졌다. 그다음이 주생활이다. 아파트가 들어서면서 한옥은 거의 없어졌다. 그런데 식생활은? 미슐랭 별점을 받은 식당 100개 중에 60~70개가 프랑스나 이탈리아 음식점이지만 우리는 어쩌다 한 번씩 갈 뿐이다. 우리의 입맛은 거의 바뀌지 않았다. 피트니스도 우리만의 방식으로 바뀌어야 한다. 지금까지는 우리한테 안 맞는 옷을 입고 있었다. '벤치프레스 열심히 해서 우람한 근육질을 만드는 게 뭐가 중요한가. 불편하기만 하지'라는 생각을 갖는 사람들이 늘고 있다. 생활과 접목된, 삶의 한 양식으로서의 피트니스가 다가오고 있다.

Q. 창업하려는 젊은이들에게 구진완 대표가 어떤 영감을 줄 수 있을까
A. 리서치의 중요성이다. 구 대표는 해외와 국내에서 엄청나게 많이 보고 왔다. 현장을 손가락(클릭)으로 배운 사람이 있고, 발바닥으로 배운 사람이 있다. 창업 전쟁에서 누가 이길지는 보나 마나 아닌가.

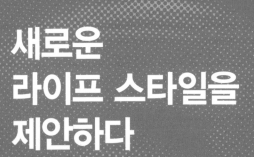

새로운
라이프 스타일을
제안하다

2

새로운
라이프 스타일을
제안하다

문화와 힐링이 있는 공간, 케렌시아

스페인어 케렌시아Querencia는 오늘날 금지된 스페인 투우에서 유래한 단어다. 투우사와의 마지막 일전을 앞둔 투우장의 소가 잠시 쉴 수 있도록 마련한 장소를 의미한다. 지금은 '일상에 지친 사람들이 몸과 마음을 쉴 수 있는 재충전의 공간, 또는 그런 공간을 찾는 경향'이란 의미로 바뀌어 쓰이고 있다.

예전 국내 최대 헤어 브랜드인 준오헤어의 강윤선 대표와 인터뷰를 하던 중 강 대표가 케렌시아를 언급했다. 미장원, 미용실을 거쳐 헤어 살롱으로 격상된 공간이 단순히 커트하고 퍼머하는 곳이 아니라 일상에 지친 사람들의 케렌시아로 개념이 확장돼야 한다고 말했다.

"들어오자마자 '머리 아주 짧게 잘라주세요'라고 말하는 여성분들과 이야기를 나눠보면 '엄마가 돌아가셔서, 너무 울적해서 왔어요'라든가 '남자친구와 헤어졌어요. 헤어스타일 확 바꿨으면 좋겠어요'라고 말합니다. 그분들은 커트를 하러 왔지만 사실은 속마음을 털어놓고 위로받고 싶어서 온 거잖아요. 요즘 사람들이 얼마나 복잡하고 힘들게 삽니까. 그분들을 편안히 위로해주고, 어쩌면 아름다움을 통해 마음을 치료해주는 역할을 우리가 하는 겁니다. 그래서 우리 디자이너들한테 책도 많이 읽고 경험도 많이 쌓으라고 하는 거죠."

고객의 마음까지 보살펴주는 곳

구진완 GOTO 대표가 멘토로 삼고 싶어 하는 인물 중 하나가 강 대표다. 두 사람의 생각과 철학이 많은 부분에서 일치해 내심 놀랐다. 구 대표도 피트니스 센터를 '땀 뻘뻘 흘리며 운동하는 곳'에서 '몸과 마음을 힐링하고 건강하게 이끌어주는 공간'으로 바꾸려 노력해왔다. 그러한 철학은 이제 GOTO 전 지점과 모든 직원들에게 스며들고 있다.

GOTO 서울대점 유성기 마스터 트레이너가 GOTO 홈페이지에 올린 내용을 살펴보면 직원들이 대표의 철학을 얼마나 잘 이해하고 있는지 알 수 있다.

'단순히 몸매를 가꾸기 위해 고중량·고반복으로 운동하던 고객들은 이제 운동으로 스트레스를 풀고 위로받기를 원하며 건강을 챙기고 싶어 한다.

그렇기 때문에 트레이너들은 절대적인 식단을 강요하고 권유하는 것이 아닌 다양한 음식을 칼로리 표준에 의거해 건강하게 먹을 수 있는 방법을 알려줘야 한다. 또 단순한 고중량·고반복의 트레이닝이 아니라 컨디션에 맞춰 체력과 신체 능력을 높여주는 다양한 운동을 알려주면서 동시에 성취감까지 맛볼 수 있게 해주어야 한다.

고객의 신체를 가꿔주는 역할에서 끝나는 것이 아닌 고객의 마음까지 보살펴주는 것. 이것이 퍼스널 트레이너들이 고민하고 추구해야 할 모습이다.'

피트니스 센터를 건강, 힐링, 웰니스가 있는 케렌시아로 바꾸는 건 말만으로 이뤄질 수 없다. 끊임없이 고객의 니즈를 파악하고, 변하기 위해 노력해야 한다. 그 노력을 인정받았기에 새마을휘트니스는 GOTO로 수직 상승할 수 있었다. GOTO가 자랑하는 독특한 프로그램과 시스템을 몇 가지 소개한다.

함께 하면 더 즐겁다, GX Group Exercise

GX는 여러 회원이 특정 공간에 함께 모여 강사의 지도에 따라 운동하는 프로그램이다. 혼자 운동하는 것보다 더 동기부여가 되고 운동에 취미를 붙이기에도 좋다. GOTO는 초창기부터 무료로 GX 프로그램을 제공했다. PT는 회원이 별도의 수업료를 내고 트레이너와 1 대 1로 운동을 하는 프로그램이라 '돈이 되는' 쪽이다. 대부분의 피트니스 센터가 PT를 늘리고 GX 공간을 줄이는 추세지만 GOTO는 대세와는 반대로 갔다. 지점마다 GX 룸을 2개로 늘렸다. 요가와 필라테스 같은 정적이고 릴랙스한 분위기의 프로그램, 격한 움직임이 필요한 프로그램으로 나눠 진행했다.

GOTO의 GX 프로그램 중 요즘 인기를 끄는 것은 다빈치 바디보드와 트램펄린 점프스포츠다. 다빈치 바디보드는 보드 위에서 긴 밴드를 이용한 운동 방식인데, 30분 만에 완전히 녹다운될 정도로 운동 강도가 세다. 트램펄린 점프스포츠는 소위 '방방이'라고 부르는 트램펄린 위에서 점프하면서 운동하는 것인데 이 또한 운동량이 어마어마하다. 근력, 유산소, 스트레칭까지 모든 운동을 골고루 접할 수 있다는 게 가장 큰 장점이다.

GX 24 프로그램은 오후, 심야, 주말 등 GX 수업이 없을 때 영상으로 보면서 따라 할 수 있는 프로그램이다. 한 타임당 1~3명이 이용할 수 있어 친구와 함께 운동을 즐길 수도 있다.

회원 운동 수준을 높여라, 핏 세미나

2014년 미국 출장을 간 구 대표는 LA의 피트니스 센터를 둘러보다가 깜짝 놀랐다. 회원들이 메디신 볼은 기본이고 듣도 보도 못한 기구를 자유자재로 다루고 있었다. '저 사람들이 혹시 다 트레이너인가?'라고 생각을 했는데 그러기에는 숫자가 너무 많았다.

그곳이 바로 미국의 럭셔리 피트니스 센터 에쿼녹스였다. 구 대표는 국내 피트니스 센터의 회원권 가격이 문제가 아니라 회원들이 접하는 운동 수준이 센터의 수준이라는 걸 절감했다.

이후 새마을휘트니스는 지점마다 주말에 테마를 정해 세미나를 개최했다. 회원은 무료로 참가할 수 있지만 강사는 자료를 대학 강의에 나서듯 준비했다. 예를 들어 "케틀벨(동그란 쇳덩이에 손잡이가 달린 운동기구)을 좀 더 잘하고 싶다"고 하면 "케틀벨은 이렇게 하세요"가 아니라 케틀벨이 어떤 원리로 작동하며 어떤 효과를 가져오는지, 신체 반응은 어떻게 이뤄지는지를 알려주는 것이다. 그리고 어느 정도 회원들이 설명을 이해했다고 생각되면 강사가 "자, 한번 해볼까요"라면서 시범을 보인다.

무엇이든 알면 더 재미있고, 재미있으면 더 하고 싶어지기 마련이다. GOTO는 풍부한 인력 풀을 활용해 격주 토요일에 핏 세미나를 열고 있다. 주제도 '트램펄린 스트레칭', '스텝래더(사다리) 기능성 운동', '하루 10분! 서킷 트레이닝' 등 다양하다.

앉아만 있어도 운동 효과, 반신욕기와 승마기

GOTO가 자랑하는 힐링 서비스는 반신욕기다. 원적외선이 나오는 반신욕기는 온몸의 혈액순환을 돕고 하루 종일 앉아 있느라 생긴 부종도 완화시켜준다. 전날 과음했거나 야근으로 심신이 지친 사람들은 간단한 스트레칭 후에 반신욕기에 앉아 30분 정도 휴식하면 운동을 안 해도 본전을 뽑는다. 반신욕기에 앉아 잠시

GOTO 매장의 트레이드 마크인 반신욕기

책을 보거나 휴대전화로 게임을 하는 여유도 만끽할 수 있다. 반신욕 하는 회원들에게 녹차를 서비스하는 것도 계획하고 있다.

반신욕기는 과음한 다음 날 사우나에 가서 땀을 쫙 빼야 술이 좀 깨는, 한국인의 독특한 목욕 문화를 피트니스에 적용한 것이다. 실제로 앉아보면 조금씩 온도가 올라가면서 하반신으로 사우나실에서나 느껴지는 후끈한 열기가 전해지는 것을 경험할 수 있다. 10여 분 만에 얼굴에 땀이 송송 맺히는 것은 기본이다.

운동을 하러 왔는데 운동도 하지 않고 반신욕만 하는 바람에 살짝 죄책감이 든다면 승마기에 앉으면 된다. 그냥 타기만 해도 말이 앞뒤 상하로 움직여 저절로 유산소 운동 효과가 생긴다. 승마기의 목 부분에 있는 안장을 잡고 있으면 흔들림과 불규칙한 움직임 때문에 생각보다 꽤 운동이 된다.

부상 없이 안전하게, 호이스트HOIST

호이스트는 1977년 설립돼 전 세계 70여 개국에 헬스 기구를 수출하는 월드 클래스 제조업체다. 미국 샌디에이고에 본사와 공장을 두고 있다. 트웬티포아워 피트니스24Hour Fitness, LA 피트니스LA Fitness, 애니타임 피트니스Anytime Fitness 등 미국 최고의 피트니스 브랜드들이 가장 선호하는 헬스 기구 브랜드이자 뉴욕 양키스, 시카고 컵스 등 메이저리그 구단에서도 사용하는 헬스 기구다. 푸틴 러시아 대통령이 자택에 호이스트 풀 세트를 설치하고 운동하는 모습이 TV에 공개되기도 했다. 사용 방법이 매우 간단하고 편리해 여성들도 쉽게 쓸 수 있다고 한다. 또 몸이 움직이는 각도와 최대 운동 반경까지 고려해 부상 위험을 줄였다는 점이 특징이다.

매장 하나를 호이스트로 꾸미려면 만만찮은 비용이 든다고 한다. 그래서 GOTO는 2015년에 호이스트와 프랜차이즈 MOU(양해각서)를 체결해 할인된 가격으로 제품을 들여왔다. GOTO의 내부 자료에 따르면 약 2년 전부터 여성 대비 남성 회원의 증가가

GOTO 매장에 설치된 호이스트 헬스 기구들

두드러지고 있는데 이는 지점의 기구를 호이스트로 교체한 덕이
크다고 한다. 아무래도 여성보다는 남성이 근육 운동을 많이 하
고, 그래서 헬스 기구의 성능과 품질이 남성의 피트니스 센터 선
택에 큰 영향을 미치기 때문이다.

GOTO 전 지점은 각자 특화된 분위기를 자랑하지만 그중에서도 '콘셉트형 매장'으로 운영되는 곳이 있다.

분당서현점이 대표적이다. 이곳은 '시티 그리너리City Greenery'라는 콘셉트로 운영된다. 도심에서 숲속에 온 듯한 편안함과 여유를 느낄 수 있는 환경을 제공한다. 미국 색채 전문기업 팬톤이 2017년 '올해의 컬러'로 선정한 그리너리(청량한 녹음의 연둣빛)가 매장의 메인 컬러다.

상담 존 벽면에 설치된 벽천분수Wall Fountain에서는 일본에서 직수입한 아로마 산림욕 전나무 향과 함께 피톤치드 원액이 함유된 물이 시간당 120리터씩 흐른다. 또 70제곱미터(약 20평)의 그리너

GOTO 분당서현점에 설치된 그리너리 월. 천연 공기정화 식물들을 곳곳에 심었다.

리 월Greenery Wall이 설치돼 있는데, 이곳에는 공기정화 식물인 스노사파이어, 테이블 야자, 산호수 등이 자라고 있다. 이들은 천연 가습, 제습, 흡음, 탈취에 탁월한 효능을 발휘한다. 회원들은 도심에서 향긋한 풀내음을 맡고 졸졸졸 흐르는 물소리를 들으며 즐겁게 운동하고 편안한 휴식도 누릴 수 있다.

서울 논현점과 상암점에는 샐러드 바가 마련돼 있다. 운동 전후에 바나나, 딸기, 초코 맛 프로틴 음료를 맛볼 수 있다. 또 키즈 앤 패밀리 콘셉트로 운영되는 용인동백점은 독립된 키즈 존이 있어 주부들이 아이를 맡기고 안심하고 운동할 수 있다.

최상의 마케팅은 고객의 가려운 곳을 찾아서 긁어주는 것이다. GOTO는 단순한 헬스장이 아닌 운동과 쉼, 힐링과 문화가 있는 공간으로 피트니스 센터의 개념을 바꿔나가고 있다.

트레이너를 넘어선
라이프 스타일 엑스퍼트

과거의 뻔한 헬스장과 오늘날의 피트니스 센터를 구분할 수 있는 장면이 있다. 헬스장에선 회원들이 혼자서 땀을 뻘뻘 흘리며 웨이트 기구와 씨름을 하고 있는 모습을 흔하게 볼 수 있지만, 피트니스 센터에서는 '기구파'와 조금 떨어진 공간에서 1 대 1 맞춤 운동을 하는 사람이 많은 것을 발견할 수 있다. 이런 개인 교습을 퍼스널 트레이닝Personal Training, 줄여서 PT라고 한다. 회원의 개인운동을 도와주는 퍼스널 트레이너Personal Trainer도 줄여서 PT라고 부른다.

피트니스 센터 직원의 70퍼센트 이상이 PT고, 센터의 수준과 분위기, 더 나아가 수익성을 좌우하는 존재도 PT다. PT는 시간당

수만 원의 수입을 센터에 안겨준다. 실력 있고 인기 좋은 PT를 얼마나 많이 보유하고 있느냐가 그 센터의 흥망을 좌우한다고 해도 과언이 아니다. 그러다 보니 '스타 PT'를 영입하기 위한 경쟁도 치열하다. 또 PT들은 좀 더 좋은 조건을 찾아 센터를 옮기는 경우가 많고, 경력을 쌓아 아예 센터를 차리겠다는 목표를 가진 사람도 많다.

고객의 마음까지 살피는 트레이너

GOTO에는 대한민국에서 가장 우수한 트레이너들이 모여 있다. 이들은 전원 4대 보험을 적용받는 정규직이며, 억대 연봉자들이 나올 만큼 높은 급여 수준을 자랑한다. 당연히 이직률이 낮고 자기계발에도 열심이다. GOTO가 빛나는 건 이들 트레이너들의 열정과 헌신에 힘입은 바가 크다.

현재 GOTO의 각 지점에서는 300여 명의 트레이너들이 활동하고 있다. 이들은 한 사람당 20~30명의 개인 회원을 관리하며 그들의 운동과 체력 관리를 도와주고 있다. GOTO 강남역점 정동윤 팀장은 33명의 회원을 보유하고 있는 소위 '에이스'다. 그는 2017년 5월 입사한 이후 24개월 연속 1100만 원 이상 매출을 올리고 있는 '매출왕'이기도 하다.

GOTO의 트레이너들을 남다르게 만드는 건 단지 경제적 보상

GOTO 트레이너와 회원이 1 대 1 PT 레슨을 하고 있다.

체계만이 아니다. 회사는 시대 트렌드를 정확히 읽어 트레이너의 역할과 존재 이유를 뚜렷하게 제시해주고, 트레이너들은 각각 자기계발에 더 많은 시간을 투자하기 때문이다.

GOTO 소속 트레이너 300여 명의 교육을 책임지고 있는 김승호 이사(앤앤에듀 센터장)는 구 대표가 처음 새마을휘트니스를 열 때 PT팀장으로 영입한 당대 최고 트레이너다. 김 이사는 '스트레스 PT'가 되어야 한다는 지론을 가지고 있다. 회원의 정신적 스트레스까지 풀어줄 수 있는 PT가 돼야 한다는 의미다.

예를 들어 6개월 또는 1년 치 회비를 선불로 낸 피트니스 센터 회원이 있다고 하자. 회사원인 그는 회사에서 중요한 임무를 떠맡아 일주일 내내 야근을 한 뒤 기진맥진한 상태로 센터로 들어설 것이다. 트레이너가 그를 보자마자 "아이고 회원님, 왜 이렇게 오랜만에 오셨어요. 그동안 운동 못 하셨죠" 하면서 50분 내내 무거운 기구를 들게 하고 웨이트 트레이닝을 시킨다면 어떻게 될까. 회원의 입장에서 운동은 즐거운 회복이 아니라 단순히 고역이고 고통일 뿐이다. 월 이용료로 낸 돈이 아까워서 피트니스 센터에 왔을 뿐 정말로 운동을 하고 싶어서 온 건 아닐 것이다.

그런 회원에겐 어떻게 응대해야 할까. 김 이사는 고객의 라이프 패턴까지 체크한 뒤 운동을 지도하는 트레이너가 일류라는 생각을 갖고 있다. 따라서 센터에 들어선 회원의 심신 상태를 체크한 후 가볍게 땀이 날 정도로 웨이트나 러닝을 실시하게 하고서 스트레칭만 지도해줘도 된다. 그리고 반신욕기에 앉아 쉬면서 땀을 쫙 빼도록 유도하는 것이다. 이런 식으로 각 회원들에게 맞는 지도를 할 수 있어야 진정한 PT다.

회원에게 최고의 하루를 선사하다

서울 구로동에 있는 GOTO의 교육센터인 앤앤에듀에서는 매주 월요일 오전 각 지점 PT 팀장급들이 모여 회의를 한다. 이 자리에서는 피트니스의 최신 트렌드와 운동법, 각 지점 트레이너가 경험한 회원 관리 성공과 실패 사례 등을 공유한다. GOTO가 지향하는 트레이닝의 방향을 숙지한 뒤 지점으로 돌아가 자료와 회의 내용을 공유하고 각 트레이너의 형편과 처지에 맞게 배운 내용을 적용한다.

GOTO 종사자들의 공통적인 화두는 '트레이너는 고객이 건강한 라이프 스타일을 완성해가는 과정에서 어떤 역할을 수행할 수 있는가를 고민해야 한다'는 것이다. 예를 들어 회원이 "저 다음 주에 여름휴가 갑니다" 하면 기존 트레이너는 어김없이 "회원님 술 조금만 드셔야 합니다. 먹는 것 조심하셔야 하고요. 휴가지에 가셔서도 이런이런 운동은 꼭 하시고요"라는 식으로 자꾸만 뭔가를 억제하고 지시하는 역할이었다.

하지만 이제는 트레이너들도 바뀌어야 한다. 회원이 휴가지를 정했다면 "그곳에서는 이런 레저를 즐길 수 있거든요. 한번 해보시면 건강 면에서 도움이 될 수 있고요. A 레스토랑에 가시면 회원님께 가장 알맞은 식단을 제공해줄 겁니다"라는 식으로 라이프 스타일에 대해 컨설팅하는 전문 지식이 필요하다. 그런 맞춤형 조언을 통해 '이 사람과 함께하면 내가 더 건강해질 수 있겠다' 하는 믿음을 줘야 한다. GOTO에서 트레이너들에게 끊임없이 강조하는 내용이기도 하다.

GOTO에서는 트레이너가 지켜야 할 일과 하지 말아야 할 일도 명확히 제시하고 있다. 이는 피트니스 센터의 진정한 주인공이 되어야 할 회원들이 위화감을 느끼지 않도록 마련한 GOTO만의 규칙이다. 남자 트레이너는 수염을 길러선 안 되고 귀걸이를 해서도 안 된다. 문신은 가릴 수 있는 한 최대한 가려야 한다. 만약 팔에 문신을 했다면 반팔 셔츠 안에 팔 토시를 해야 한다. 귀 위 머리카락을 밀어 하얀 선을 내는 스크래치나 너무 밝은 색의 염색도 금지다. 개인 운동을 할 때도 젖꼭지가 보이는, 이른바 '끈나시'를 입으면 안 된다. 이처럼 트레이너로서 지켜야 할 금지 규정이 세세하게 명문화돼 있다.

운동이 필요한 이유부터 알려주는 서비스

GOTO는 피트FITT라고 부르는 운동검사 소프트웨어를 도입했다. 운동의 빈도Frequency - 강도Intensity - 시간Time - 유형Type을 파악해 회원에게 적합한 운동법을 제시하는 프로그램이다. 빅 데이터로 "당신 연령대의 평균과 비교하면 근력과 체지방은 어느 정도입니다"라고 알려준 뒤 "유산소 운동은 최소 몇 분, 속도는 어떻게"라는 식으로 구체적인 운동 방식을 제안한다. 회원으로 등록하면 기본 PT를 두 차례 제공한다. 처음엔 운동수준 검사를 하고, 2회 차에는 기본 트레이닝 법을 알려준다.

백문百聞이 불여일견百聞不如一見. GOTO 지점 한 곳을 찾아가 PT

PT 트레이너와 회원의 레슨 모습

프로그램이 어떻게 운영되고 있는지 확인했다. 프론트 직원(디렉터)의 안내를 받아 시설을 둘러보고 상품 소개를 받았다. GOTO 전 지점을 이용할 수 있고, 사물함과 운동복을 제공받는 1년짜리 회원권을 끊었다.

등록을 마치고서 디렉터를 따라 S 트레이너에게 갔다. 간단한 문답을 마치고 체성분 검사를 했다. "근육량이 많지만 지방도 많아 체중을 6.6킬로그램 빼야 한다"는 진단이 나왔다.

신규 등록 회원에게 제공하는 1차 PT는 며칠 뒤 평일 밤 9시에 진행됐다. S 트레이너는 운동 경력, 현재 하고 있는 운동, 식사량

과 주로 먹는 음식, 음주량 등을 자세히 물은 뒤 회원에게 필요한
운동과 주의해야 할 사항에 대해 말했다.

"회원님은 운동을 꾸준히 하셔서 근육량이 많고 신체 나이도
실제보다 낮습니다. 그런데 좋은 근육을 갖고도 그걸 제대로 쓰지
못하는 분들이 많아요. 신체의 코어(중심부)가 튼튼해야 건강합니
다. 등, 허리, 엉덩이 등 그동안 잘 쓰지 않았던 근육을 사용하는
운동을 하셔야 합니다."

그리고 트레이너는 팔굽혀펴기, 기마 자세 등 기본적인 동작
을 설명하고 제대로 할 수 있도록 도와주었다. 익숙한 동작이었지
만 제대로 하면 얼마나 힘들고 운동 효과가 큰지 알 수 있었다. 트
레이너는 "팔굽혀펴기를 하다가 힘들면 팔을 쭉 뻗으면서 근육이
아니라 관절로 버티게 되는데 그게 반복되면 관절이 상하게 됩니
다"라며 잘못된 운동법에 대해서도 설명해줬다. 체성분 검사를
한 뒤 곧바로 웨이트 기구로 가서 사용법을 알려주던 예전 피트
니스 센터와 달랐다.

2차 PT에서는 짐볼 등 다양한 기구를 활용해 등 근육과 다리·
엉덩이 근육을 강화하는 운동을 했다. 1시간도 안 되는 트레이닝
시간 동안 다리가 후들거릴 정도로 힘들었다. 그동안 얼마나 쓰던
근육만 썼는지, 그 바람에 신체 밸런스가 무너져 있는지 느낄 수
있었다.

S 트레이너는 PT를 함께하면서 '이왕 운동을 할 거라면 제대로
배워서 해야겠다'는 생각이 들게 해주었다.

지속가능한 라이프 스타일 파트너

GOTO의 또 다른 강점은 PT들에게 트레이너 이상의 목표와 꿈을 심어주고, 그것을 이룰 수 있도록 도와준다는 것이다. GOTO가 지향하는 바를 김 이사의 말을 통해 들을 수 있었다.

"우리나라 트레이너들은 운동으로 먹고살아야 한다는 틀에 갇혀 있는 경우가 많아요. 꿈이 뭐냐고 물으면 센터 오픈 아니면 선수로서의 성공, 또는 트레이너를 교육하는 트레이너 정도입니다. 말로는 센터를 차리겠다고 하는데, 그건 경영이잖아요. 그런데 그에 대한 준비는 하나도 안 하는 겁니다."

'트레이너는 몇 살까지 할 수 있을까'라는 질문을 던지고 고민하는 회사가 바로 GOTO다. PT 팀장까지는 트레이너로서 일하게 하되, 관리자로서 목표가 있는 사람은 점장까지 경험할 수 있는 기회를 열어주고, 홍보·마케팅·브랜딩·신사업 등 다양한 체험을 할 수 있게 도와준다.

예를 들어 GOTO 본사 김지훈 차장은 '김PD'로 불린다. 신문방송학과 출신인 그는 트레이너로 입사했지만 PD가 되겠다는 꿈을 GOTO에서 이뤘다. 그는 마케팅 기획과 콘텐츠 제작 일을 맡고 있다. 지점에서 뭐든지 뚝딱뚝딱 잘 고치던 트레이너는 본사 인테리어 파트에서 일하고 있다. GOTO는 직원들의 재능을 소중히 여기고 기회를 준다. 물론 입사했을 때 맡겨진 직무를 성실하게 수행한 직원에게 가는 기회다.

또 GOTO의 지점 몇 개를 묶어서 관리하는 슈퍼바이저들은 대부분 트레이너 출신이다. GOTO에는 자체 교육기관이 있어 마스터 트레이너, 트레이너 자키, GOTO 라이브 인스트럭터 등 꾸준하게 트레이너가 할 수 있는 영역을 확장해가고 있다.

구 대표는 트레이너들에게 늘 말한다.

"나는 나 자신이 트레이너라고 생각해. 10만 명이라는 회원이 안전하게 운동할 수 있게 안내하고, 2만 명의 PT 고객에게는 내가 생각하는 국민건강 프로그램을 제시하고 있거든. 앞으로 5년 안에 지금과 같은 모습의 트레이너가 사라질 수도 있어. 그렇다면 내 회원들의 건강과 에너지 넘치는 일상까지 관리하는 진짜 트레이너가 되겠다는 목표를 세워야 하겠지. 그 길로 내가 여러분을 안내할 거야."

단순한 트레이너가 아닌 웰니스 라이프 스타일 엑스퍼트Wellness Lifestyle Expert, 즉 건강하고 활력 있는 삶을 도와주는 전문가. 이것이 GOTO가 지향하는 PT의 모습이다.

월 회비, 페이백으로
모두 돌려주다

GOTO의 회원권 가격(월 2만 5000원부터)은 '구민회관' 수준이다. GOTO는 그 이상의 가치가 있는 서비스를 제공하기 위해 애쓰고 있다. 그중 하나가 2014년부터 시작된 '페이백Pay Back 프로젝트'다. 착한 회원권 가격마저 무상 서비스로 다 돌려준다는 취지로 도입했다.

당시 서울과 수도권에 13개 직영점을 안정적으로 운영하고 있던 새마을휘트니스와 함께하기 위해 다수 사업체들이 제휴 문의를 해왔다. 다이어트 식품, 운동 전후에 먹는 단백질 등 식음료 업체가 많았고, 한 장의 카드로 여러 피트니스 클럽을 이용할 수 있는 피트니스 공유 플랫폼 업체도 찾아왔다.

GOTO 회원들을 위한 통큰이벤트에 경품으로 내걸린 승용차들

이들의 제휴 제안은 매우 깐깐한 내부 심사를 받아야 했다. 여러 가지 제품을 많이 팔면 재정적으로 도움은 되겠지만 직원들이 거기에 너무 신경을 써야 한다. 그로 인해 피트니스의 본질인 고객 서비스를 소홀히 하는 것은 용납할 수 없기 때문이었다. 다만 제휴의 혜택이 회원들에게 직접적으로 돌아갈 수 있다면 다시 생각해볼 만한 제안이었다.

처음 제휴를 진행한 것은 고급 물티슈 증정 프로모션이었다. 현재 페이백 진행방식과 동일하게 카카오스토리에서 관련 내용을 공유하면 5000원 상당의 기능성 고급 물티슈를 증정했다. 반응이 뜨거워서 1차 준비 물량이 금세 동났다. 연이어 식이섬유 음료, 콘삭 커피, 태닝숍·헤어숍 이용권, 닭가슴살 소시지 등 다양한 상품을 내건 페이백이 진행됐다.

2014년 당시 9회에 걸쳐 진행된 페이백 상품을 가격으로 환산하면 1인당 11만 원 정도였다. 만약 페이백을 모두 받아간다면 1년 치 회원권 값의 50퍼센트 가까이 돌려받은 셈이었다.

프로모션을 활용한 회원들과의 소통

맨 처음 페이백 프로모션을 시작해 지금까지도 진행하고 있는 GOTO 본사의 '김PD'는 페이백 시스템의 장점과 회원들의 생생한 경험담을 누구보다 잘 알고 있다. 그의 말을 잠시 들어보기로 한다.

"사실 페이백 프로모션을 통해 GOTO에 돌아오는 물질적인 이익은 전혀 없습니다. 파트너십 업체한테서 별도로 홍보비나 진행비를 받는 것도 전혀 없었습니다. 이렇게 프로모션이 가능한 것도 결국 우리 회원들이 GOTO에 많이 찾아오신 덕택이라고 생각합니다. 그대로 회원들에게 되돌려드리는 것이 맞으니까요.

페이백 프로모션이 횟수를 거듭할수록 회원들의 참여율은 점점 올라가고 있습니다. 아무래도 페이백 프로모션에 대한 노출이 계속 이루어지고, 한두 번 참여를 하면서 행사 자체에 대한 이해도가 점점 좋아지는 것 같습니다. 어떤 회원들은 '왜 이렇게 자꾸 퍼주냐. 이러다 망하는 거 아니냐'라고 애정 어린 농담을 해주기도 합니다.

무엇보다 페이백 프로모션을 통해 회원님들과 소통을 할 수 있다는 점이 좋은 것 같습니다. 뭔가를 팔려고 하지 않고 좋은 마음, 좋은 취지로 회원들에게 돌려드리려는 목적을 잘 이해해주시는 것 같고요. 그러면서 평소 인사만 하던 회원들과 대화도 한 번 더 하게 되고, 관계가 더 긴밀해지는 것 같습니다.

특히 먹거리 아이템이 나오면 회원들의 반응이 평소보다 더 좋아진다고 합니다. 사실 센터 현장에서 시식하는 형태의 제휴 제안도 자주 들어오는데, 아무래도 피트니스 센터 내에서 시식을 하는 프로모션을 진행하면 너무 상업적인 느낌도 있고 불편해 하는 회원들도 있을 수 있어 정중히 거절하고 있습니다.

처음부터 판매를 고려하진 않았지만, 회원들이 지속적으로 구매 의사가 있는 상품 중에서 먹거리를 제외한 아이템을 중심으로 프로모션을 기획하고 있습니다."

페이백 프로모션 외에도 수년째 진행 중인 '더빵빵이벤트(통큰 이벤트)'가 있다. 이벤트 기간 중에 등록하는 회원에게는 응모권 추첨을 통해 경차나 냉장고 같은 대박 경품을 증정한다. 현재까지 회원들이 받아간 경품 액수만 2억 원이 넘는다. 2019년 5월에는 쏘나타 승용차와 경차 2대를 포함해 총 1억 5000만 원어치의 경품이 걸린 대박 이벤트를 진행했다.

제휴를 통한 새로운 비즈니스의 창출

GOTO 홍보를 총괄하는 김인호 부장은 페이백 프로모션의 과거와 현재를 이렇게 설명했다.

"회사가 커지면서 제휴 문의가 많이 들어옵니다. 보통은 '센터 입구에 우리 물건을 놓고 팔 수 있을까요? 수익은 나눕시다'라는 식이거나 '저렴하게 사입한 뒤 팔아서 수익을 남기세요'라는 식으로 제안합니다. 그러면 저희는 관심 없다고 딱 잘라 말하는 편입니다. 대표님은 모든 프로모션은 회원들에게 혜택이 돌아가는 쪽으로 진행되어야 한다고 강조를 하시죠. '월 2만 5000원이라는 돈 (회원권 요금)이 공짜처럼 느껴졌으면 좋겠다'고 늘 말씀하십니다."

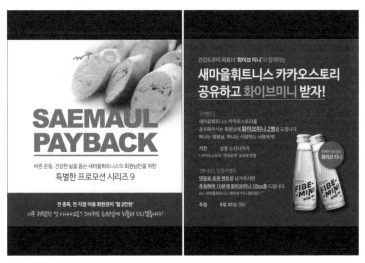

새마을휘트니스 시절 페이백 이벤트를 안내한 팸플릿

GOTO의 전략은 간단하다. 김 부장의 말에 따르면 제휴사에서 현물을 제공하면 그걸 회원들에게 무료 증정하면서 홍보를 대신해주는 것이 전부라고 한다.

"저희는 제휴사와 미팅을 하면서 솔직하게 말합니다. '저희 스태프들은 이 물건을 팔 자신도 없고 그게 본업도 아닙니다. 그렇지만 이 제품을 100퍼센트 우리 회원들에게 노출시켜주고 홍보할 자신은 있습니다' 실제로 각 지점에 42인치 키오스크가 설치돼 있고, 러닝머신마다 8인치 모니터가 달려 있습니다. 사물함을 열어도 홍보물이 부착돼 있죠. 제휴사가 원하는 노출 효과를 분명히 느낄 수 있도록 활용하고 있습니다."

프로모션의 효과는 확실히 컸다. 회원들은 뜻밖의 선물을 계속 받게 되자 자발적으로 피트니스 센터와 프로모션 제품을 SNS에 퍼 날랐고, 입소문도 퍼져나갔다. 그러자 피트니스 관련 제품을 생산·유통하는 업체들이 GOTO 지점에 고정 판매대를 설치할 수 있도록 요청하기 시작했다. GOTO로서는 새로운 비즈니스 영역이 생긴 것이다.

GOTO의 각 지점 입구에는 스포츠 음료, 에너지 바, 단백질 보충제, 운동용 테이프 등 각종 운동 보조용품이 전시돼 있다. 이 제품들을 회원들에게 염가로 팔면서 공급 업체로부터 매대당 광고비를 받는다. 지점의 곳곳에 위치한 모니터에서는 각종 스포츠·레저 상품 광고가 흘러나온다. 물론 돈을 받고 틀어주는 광고다.

피트니스 센터는 더 이상 회원들이 운동만 하는 곳이 아니다.

건강과 스포츠 관련 상품 정보가 끊임없이 제공되고, 효능이 구전되고, 매매가 이뤄지는 플랫폼이다. 구 대표는 피트니스 센터를 플랫폼으로 인식하기 시작하는 순간 무궁무진한 부가가치가 만들어질 수 있다고 강조한다.

"각 지점에 러닝머신이 20~30대 있어요. 하루에 10시간 이상, 이용자가 계속 바뀌면서 돌아갑니다. 우리는 TV만 볼 수 있게 돼 있는 모니터와 별도로 8인치짜리 모니터를 따로 설치했어요. 나이키, 아디다스, 데상트 등에서 신제품을 출시했다면 누구에게 광고를 하면 가장 직접적인 효과를 볼 수 있을까요. 제가 추구하는 건 멤버십을 기반으로 한 사업입니다. 우리 회원이 100만 명을 넘어서면 못할 서비스가 없을 겁니다."

분야와 경계를 뛰어넘는 마케팅

GOTO에서는 심지어 영어회화 교재인 '시원스쿨' 상품도 팔아봤다고 한다. 태블릿 PC에 영어회화 상품을 담아서 80만 원을 받았다. 앞으로는 스마트 팜에서 생산되는 유기농 채소를 센터 안에서 제공하고 판매할 계획도 갖고 있다.

2019년 4월에는 GOTO 공덕점, 강남점 등 10개 지점에 단백질 보충제 자판기가 입점했다. 부산에 본사를 두고 있는 ㈜태거코리아가 스페인에서 수입해 공급하는 단백질 보충제다. 운동 전후에 섭취하면 근 손실을 예방하고 운동 효과를 극대화할 수 있다고 한다.

김 부장은 "GOTO에서 갑자기 나온 건 없어요. 부족하더라도 뭔가 새로운 콘셉트를 갖고 진행하고, 여기서 발전에 발전을 거듭해서 지금까지 진화해온 것이죠. 페이백은 이런 모든 활동의 시초라고 볼 수 있습니다. 기본 정신은 단순히 '우리가 받은 걸 고객에게 돌려드리자'는 것이었습니다. 여기서 점차 아이디어가 진화하고 제휴사가 붙으면서 센터에 매대가 생기고, 다양한 제품을 전시, 판매, 공동 구매하는 플랫폼이 된 거죠"라고 설명했다.

GOTO는 앞으로 센터를 오픈할 때 글로벌 브랜드와 조인해서 '콘셉트관'을 만들겠다는 포부도 밝히고 있다. 예를 들어 아디다스와 제휴하면 'GOTO 아디다스 콘셉트관'이 되는 식이다. 센터 회원이 애플리케이션을 다운받아 아디다스 광고를 보기만 하면 포인트가 쌓인다. 1년 회원권만큼 포인트가 쌓이면 돈을 내지 않고도 포인트만으로 회원권을 구매할 수도 있다. 그리고 GOTO는 아디다스로부터 매월 일정액의 홍보비를 받으며 운영하게 된다.

GOTO가 피트니스 업계에서 강력한 플랫폼으로 우뚝 설 수 있었던 데는 눈앞의 작은 이익에 집착하지 않고 고객을 위한 서비스를 생각하는 정신이 뒷받침하고 있다. 모름지기 남을 잘되게 하면 내가 잘되는 법이다. 앞으로 GOTO가 얼마나 더 창조적인 아이디어를 내고 새로운 트렌드를 만들어갈지 기대된다.

직원의 자율성을 보장하는
'하든지 말든지 워크숍'

직장인들에게 워크숍은 어떤 기억으로 남아 있을까. 연 1~2회 열리는 워크숍은 회사의 비전을 공유하고, 구성원끼리 화합을 다지는 행사로 규정된다. 보통 주말을 포함해 1박 2일의 일정으로 진행되는 워크숍은 회사 내 주니어들에겐 '피곤하고 불편한 업무의 연장'으로, 고참들에겐 '마음껏 술 먹고 취해도 되는 날' 정도로 인식되는 경우가 많다.

대개 많은 회사의 워크숍이 비슷한 방식으로 진행된다. 부서별 또는 팀별로 식사거리와 안줏거리를 준비해 워크숍 장소로 출발한다. 인원들이 모두 모이면 회사의 철학과 비전을 공유하는 차원의 소모임 또는 특강을 갖는다. 공식 일정이 끝나면 저녁을 먹

2017년에 열린 '하든지 말든지 워크숍 시즌4' 장면

으면서 폭탄주가 돌기 시작하고, 전사자가 한 명씩 속출한다. 새벽별이 뜰 때까지 술자리는 이어지고, 아침 늦게 쓰린 속을 해장국으로 달랜 뒤 기념 촬영을 하면 워크숍 일정이 끝난다. 별로 아름답지 못한 사건·사고도 심심찮게 벌어진다. 아마 대한민국에서 회사를 다니면서 워크숍을 다녀와본 사람이라면 누구나 공감할 것이다.

틀에 박힌 워크숍을 바꾸자

새마을휘트니스는 2014년에 150명 정도가 참가해 첫 전체 워크숍을 열었다. 명칭은 '하든지 말든지'였다. 회사에서 모든 준비를 할 테니 직원들은 오든지 말든지, 일찍 가든지 말든지, 아침 먹든지 말든지 하고 싶은 대로 하라는 콘셉트였다. 쉽게 말해 워크숍에 참여하는 것을 강요하지도 않고, 불참하더라도 불이익을 주지 않겠다는 것이다.

장소는 경기도 북부 쪽에 낚시를 할 수 있는 캠핑장으로 정해졌다. 하지만 정해진 스케줄은 없었다. 회사에서 장소, 숙박·편의 시설, 음식을 모두 준비했다. 지점별로 모여서 오거나 개별적으로 오거나, 다음 날 오전에 오거나 어떠한 제약도 없었다. 캠핑카를 렌트해서 온 지점도 있고, 나이트클럽 콘셉트로 숙소를 꾸미며 입장료를 받고 운영한 지점도 있었다. 다음 날도 몇 시까지 기상해야 한다는 계획 없이 쉬고 싶은 사람은 계속 자고, 고스톱 칠 사람은 치고, 낚시할 사람은 하며 1박 2일을 보냈다. 단체사진 한 장 찍지 않았다.

이런 식의 워크숍을 진행하고 직원들에게 피드백을 받아 보니 의외로 만족도가 매우 높았다. 본사 팀도 장만 봐주고 지점의 사람들과 같이 어울리니 편했다. 무엇보다 회사 눈치를 보지 않고 마음껏 놀 수 있는 분위기가 너무 좋았다고 직원들은 입을 모았다. 회사가 자신들을 존중해준다는 것을, 말이 아니라 공식 행사를 통해서 확인할 수 있었기 때문이다.

최근 화제를 모으고 있는 《90년생이 온다》라는 책을 보면 기성세대와 신세대의 소통 문제가, 특히 회사에서 첨예하게 맞부딪히고 있다고 설명한다. 예를 들어 70년대생과 90년대생은 살아온 환경이 너무나 다르기 때문에 각자 생각하는 회사에 대한 이미지와 충성심 또한 다를 수밖에 없다는 것이 핵심이다. 그러다 보니 각 세대가 모여서 생활하게 되는 회사라는 공간에서는 갈등이 일어날 수밖에 없을 것이다. 새마을휘트니스에서 그처럼 자유로운 워크숍을 진행한 이유도 큰 틀에서는 하나의 조직이라는 범위를 인식할 수 있는 행사를 마련하되 세대별 차이, 개인별 차이를 인정하려는 노력의 일환이었던 것이다.

직원들의 재능을 살린 자체 행사들

2015년 연말 행사도 특별한 방식으로 진행되었다. 모두의 노력을 통해 회사가 점차 성장하고 있음을 자축하고 서로를 격려하는 시간을 갖기로 한 것이다. 고급 호텔을 빌려 '어워즈(시상식)' 방식으로 송년회를 가졌다. 드레스 코드를 정해 평소에 입지 않던 옷들로 한껏 멋도 내고, 행사장 입구에 포토 존을 마련해 연예인들처럼 사진을 찍는 기획도 준비했다.

다음 해 연말 행사는 더 특별했다. 지난해에 어워즈 콘셉트로 했으니 똑같은 방식으로 진행하면 그 이상의 감흥이 없을 것이라고 판단했다. 조금 색다른 의미를 담아보자는 데 뜻을 모았고, 이웃을 돌아보는 기부 행사로 진행하기로 했다. 장소는 평수도 넓

2016년 열린 새마을휘트니스 연말 행사

고 분리된 공간이 많은 새마을휘트니스 5호 용인동백점으로 정해졌다.

지점마다 부스를 맡아 콘셉트를 정하고 기부마켓을 열었다. 중고물품 매매, 주점, 댄스교습소, 놀이마당 등등 기발한 아이디어들이 쏟아졌다. 회사에서는 1인당 5만 원의 식비를 책정해 매장 내에서 무엇이든 할 수 있도록 지원을 했다.

2부 행사에는 자선 경매가 진행됐다. 구 대표의 10만 원짜리 옷이 15만 원에 팔리기도 했다. 재능 발표 1등 팀은 자신들이 받은 상금을 전액 기부금으로 내놓았다. 그렇게 2000만 원가량을 모아 참가자 전원의 이름으로 유니세프에 기부하기로 했다.

회사 내부에서 자체적으로 '앤앤 피트니스 컨퍼런스'를 진행한

2016년 기부 Day 콘셉트로 열린 연말 행사

것에 대한 직원들의 반응도 고무적이었다. 그동안 매년 3월 초 코엑스에서 열리는 SPOEX에 새마을휘트니스 직원들이 강사로 초청을 받는 경우가 많았다. 그러자 사내에서는 '우리에게 이토록 훌륭한 인력 풀이 있는데 아예 자체적으로 컨퍼런스를 진행할 수 있지 않을까' 하는 제안이 나왔고, 앤앤 피트니스 컨퍼런스로 결실을 맺은 것이다.

강사진은 모두 새마을휘트니스 직원이었다. 피트니스 관련 박람회와 국제회의가 열리는 곳마다 달려가는 구 대표가 '세계 피트니스 트렌드'를 주제로 강의했다. 앤앤컴퍼니 소속 헤어숍인 SOOCUT 원장이 '트레이너를 위한 뷰티 특강', 디자인팀이 자신들의 강점을 살린 '피트니스 센터 마케팅을 위한 디자인 툴', 그리

GOTO 트레이너들은 언제 어디서나 수준 높은 강의를 할 수 있는 능력을 갖췄다.

고 영상 장비를 다루는 특강 등을 준비했다. 피트니스 실기 및 이론 강의도 빠지지 않았다. 직원들은 주말에 사비를 들여 외부에서 배울 수 있는 강의를 회사에서 자체 프로그램으로 소화할 수 있다는 데 꽤 만족했다.

'보신 데이'의 탄생

2014년 1차 '하든지 말든지 워크숍' 성공에 힘입어 이 행사는 '시즌 4'까지 진행됐다.

그런데 지점이 점점 늘어나면서 모두 한자리에 모이는 것 자체가 부담이 됐다. 시즌 4 때는 300명이 넘게 왔고, 본사 입장에서도 큰 행사를 치르듯이 준비해야 했다. 300명의 잠자리를 만드는 것도 큰일이었다. 텐트 대여업체에서 세 트럭 분량의 텐트를 실어왔는데 의외로 텐트를 못 치는 사람이 많았다. 대여업체 직원이 직접 텐트를 쳐줬고, 안전 관리와 주차에도 인력이 많이 들어갔다.

다행히 워크숍은 즐겁게 끝났지만 '이젠 방향을 좀 바꿔야 한다'는 공감대가 형성됐다. 구 대표도 굳이 한 번에 다 모이지 않더라도 회사가 직원들에게 고마움을 느끼고 있고 직원들을 늘 생각하고 있다는 진심을 보여줄 수 있는 기획이 필요하다고 봤다.

그런 취지에서 2017년에 '보신 데이Day'라는 행사가 진행되었다. 쉽게 생각해 한여름에 전 직원을 위한 보양식을 준비하는 것이었다. 몸 보신을 위해 늘 챙겨 먹는 음식 재료 말고 색다른 것을 찾던 중 자연산 도다리회가 흔하지도 않고 반응이 좋을 거라는 의견이 있었다. 곧장 경남 남해의 한 포구로 찾아가 온 동네 사람들을 수소문해 일주일 내내 도다리를 잡고 회를 떠서 새마을휘트니스 직원들의 집으로 올려보냈다. 2018년 여름에는 토종닭을 잡았다. 설악산에서 방사로 키운 토종닭에다 대추, 밤, 인삼까지 깔끔하게 포장해 직원들 집에 택배로 배달했다.

단, 보신 데이에는 직원들에게 부과하는 옵션이 있었다. 부모님이 계신 직원은 가급적 부모님을 찾아뵙고 음식을 함께 먹도록 했다. 직원들은 온 가족이 보양식을 함께 먹으며 즐거워하는 사진을 회사 홈페이지에 올렸다. 직원들의 부모님들도 회사의 취지를 이해하고 감사의 말을 전하는 경우도 있었다.

트렌드의 변화에 발맞춘 조직 운영

———

GOTO 행사는 대부분 '리프레시 데이'에 열린다. 리프레시 데이란, 분기에 하루(1, 4, 7, 10월 첫째 토요일)는 전 지점이 문을 닫고 지점끼리 또는 직원끼리 함께 모여 쌓인 피로를 풀고 단합을 도모하는 날이다. 일반적으로 리프레시 데이에는 지점 직원들끼리 맛집을 찾아가거나 등산을 하는 등 각기 다양한 활동을 실시한다. 그리고 직원들은 리프레시 데이를 보낸 사진들을 SNS상에서 공유하며 하나됨을 확인하고 서로를 격려한다. 전국에 메르스(중동 호흡기증후군)가 창궐했던 2015년 6월에는 예외적으로 방역 업체와 계약해 리프레시 데이를 활용해 전 지점 소독·방역을 실시하기도 했다. 그날엔 직원들이 오전부터 나와 센터를 청소한 뒤 고급 식당에서 점심을 함께했다.

젊은 세대는 어떤 형태의 규제도 싫어한다. 자율적으로 즐기기를 원하고, 대우받고 존중받기를 원한다. 구 대표는 창업 초기에 일반 회사들처럼 진행했던 뻔한 체육대회를 떠올리며 직원들의 표정이 별로 좋지 않았던 것을 잊지 못한다고 말한다. 그때의 기억을 되새겨 '하든지 말든지'라는 콘셉트로 워크숍을 진행하기도 하고, 직원들에게 자율성을 최대한 부여하는 회사 운영을 하겠

노라고 다짐을 한 것이다. 그런 구 대표의 다짐과 기대에 부응하기라도 하듯 정말 알아서 잘 놀고 사고 한 건도 없는 것을 보면서 다시금 시대의 흐름이 바뀌고 있음을 실감하고 있다고 한다.

직장은 생계의 터전임과 동시에 삶의 가치를 구현하는 현장이다. 직장인들은 어쩌면 가족보다 더 많은 시간을 동료와 함께 보낸다. GOTO 구성원들은 자발적으로 참여하고, 스스로 흥과 의미를 만들어낸다. 자율성을 존중하고 직원을 배려하는 문화는 GOTO가 더 힘차게 뻗어나가는 원동력이 되었다.

국내외 피트니스
시장 현황

———

세계적으로 피트니스 시장이 급성장하고 있다. 건강과 체력관리의 중요성이 커지고, 소비가 늘면서 나타난 자연스러운 현상이다. 최근에는 이런 트렌드를 반영한 '덤벨 이코노미Dumb-bell Economy(아령 경제)'라는 신조어도 등장했다.

인도의 시장조사 업체 모르도르 인텔리전시의 분석에 따르면 2009년 672억 달러(약 79조 원)였던 글로벌 피트니스 클럽 시장 규모는 2018년 943억 달러(약 110조 원)로 증가했다. 10년 만에 시장 규모가 1.4배 커진 것이다. 모르도르 인텔리전시는 이 시장이 연평균 7.81퍼센트의 성장률을 기록하며, 2024년에는 1471억 달러(약 165조 원)까지 규모가 커질 것으로 내다봤다. 특

히 건강에 대한 관심이 높은 소비자들이 이 시장의 성장을 주도
할 것으로 보고 있다. 피트니스 기구와 공간 등의 진화가 함께 진
행되면서 피트니스 클럽의 수익성도 크게 늘어날 전망이다.

피트니스 시장의 성장은 북미 지역이 주도하고 있다. 2010년
미국에서 피트니스 클럽 멤버십을 보유한 인구는 5020만 명이었
다. 2017년 조사에선 6087만 명으로 1000만 명 넘게 늘었다. 피
트니스 인구는 미국 전체 인구의 약 18퍼센트를 차지하고 있다.
2012년을 기점으로 미국 내 피트니스 클럽 숫자도 크게 증가했
다. 2017년 미국에는 3만 8477개의 피트니스 클럽이 영업 중인
것으로 파악됐는데, 2012년과 비교해 6000개가량 늘어났다.

국제헬스·라켓·스포츠클럽협회IHRSA의 전 세계 사설private 피
트니스 클럽 현황 조사 결과도 이를 뒷받침한다. 2017년 자료에
따르면 북미와 중남미의 사설 피트니스 클럽 수는 10만 8560개
였다. 8280만 명이 사설 클럽의 멤버십을 보유하고 있으며, 피트
니스 클럽의 연간 수입은 362억 달러(약 42조 원)로 집계됐다. 유
럽에는 5만 5000개의 사설 클럽에 5690만 명의 등록 회원을
보유하고 있으며, 연간 296억 달러(약 31조 원)의 수입을 올리는
것으로 조사됐다. 아시아-태평양 지역에선 피트니스 클럽 3만
1000개, 회원 1740만 명, 수입 144억 달러(약 17조 원)를 기록
했다.

건강이 곧 재산이다

2018년 〈포브스〉는 피트니스 클럽 시장의 폭발적인 성장 이유로 '건강보험 비용'health insurance cost'을 들었다. 보험사들은 건강한(건강을 유지하는) 사람의 보험료를 낮게 책정한다. 이 때문에 사람들은 건강관리에 신경 쓸수록 보험 비용이 줄어든다고 인식한다.

회사 경영진도 직원들이 건강해야 생산성이 높아지고, 보험 지출이 줄어든다고 인식한다. 많은 회사들이 피트니스 클럽 등록비용을 부담하거나 관련 강좌를 개설해 직원들의 건강을 관리하고 있다. 다이어트를 위한 건강식 수요 증가가 피트니스 클럽 시장의 성장에 영향을 미쳤다는 분석도 있다. 사람들이 운동을 병행하며 식단 조절을 진행할 경우 그 효과가 커진다는 사실을 인지하기 시작한 것이다.

기술 발전도 피트니스 클럽의 성장을 주도한 중요한 요소다. 4차 산업혁명 시대에 접어들면서, IT 기술을 접목한 헬스케어 산업이 각광받고 있다. 체계적이면서도 손쉽게 건강관리를 할 수 있는 웨어러블 기기도 등장했다. 몸에 부착한 기기를 통해 개인의 생체 정보를 수집하고 이를 스마트폰 등을 통해 확인할 수 있다. 운동량, 칼로리 소모량 등을 곧바로 확인할 수 있어 운동의 효과도 커진다.

또 누적된 건강 통계 데이터는 운동 계획을 세우는 데 도움을 준다. 5G 통신망은 스트리밍 동영상 서비스의 발전을 이끌었다. 사람들은 때와 장소에 구애받지 않고 운동 관련 콘텐츠를 접할 수 있게 됐다. 집에서 관련 영상을 보며 운동하는 홈 트레이닝도 주목을 받고 있다. 하지만 스스로 운동 계획을 세우고 실행하는 데는 한계가 있다. 결국 사람들은 전문 기구와 시스템을 갖춘 피트니스 클럽의 문을 두드리게 된다. 특히 바쁜 일상 속에 시간을 내기 어려운 사람들은 전문가의 도움을 받아 효율적인 방법으로 운동하기를 원한다. 홈 트레이닝 동영상은 보완재 역할을 맡게 된다.

대부분 피트니스 클럽은 회원제로 운영한다. 월 또는 연 단위 회비를 먼저 내고 원하는 시간에 피트니스 클럽의 시설을 이용하는 방식이다. 클럽의 입장에서는 이용료를 한꺼번에 받는 장기 계약을 선호한다. 장기 계약자를 끌어들이기 위해 회비를 할인해준다. 회비를 지불한 회원들은 비교적 적은 금액으로 장기간 운동을 즐길 수 있다. 이러한 방식을 마케팅에 적극 활용하는 피트니스 클럽들이 늘어나는 추세다. 피트니스 클럽이 많아지면서 회원 유치를 위해 회비 할인 경쟁을 벌이는 것도 소비자에겐 유리하게 작용한다.

최근에는 걷기, 등산, 마라톤 등 야외에서 즐기는 아웃도어 스포츠 인구도 늘어나는 추세다. 역설적으로 실내에서 즐기는 피트니스와 아웃도어 스포츠는 경쟁 관계가 아닌 보완 관계로 작용한다. 대회에 나가 좋은 결과를 얻기 위해 피트니스 클럽에서 근육량을 늘리고 기초 체력을 다지는 사람들이 많다는 의미다.

부르주아의 새로운 코드, 피트니스 클럽

"헬스health(건강)는 새로운 웰스wealth(부)다" 고급 피트니스 센터 체인인 '에퀴녹스'를 운영하는 하비 스페박은 2018년 영국 〈파이낸셜타임스〉와 인터뷰에서 이같이 말했다. 피트니스 클럽이 부유층의 건강관리 수단으로 인기를 끌고 있다는 의미다. 전반적인 생활수준이 높아지면서 비싼 돈을 지불하며 전문적으로 운동하는 사람도 늘었다. 미국과 유럽의 대도시에는 회원제 피트니스 센터가 늘고 있다. 또 규모는 작지만 차별화된 개인별 운동 프로그램을 제공하는 '부티크 짐'도 곳곳에 생기고 있다. 〈파이낸셜타임스〉는 "유명인사 사진을 찍으려는 파파라치들이 예전에는 고급 호텔 바 주변을 배회했지만, 최근에는 피트니스 클럽에서 줌바(콜롬비아 댄서가 개발한 최신 피트니스 프로그램)나 발레를 배우고 나오는 스타들을 노린다"고 전했다.

다른 유럽 국가들에 비해 피트니스 클럽 이용 인구가 적은 프랑스에서도 회원제 고급 피트니스 클럽이 인기를 끌고 있다. 2018년 프랑스 매체 〈르몽드디플로마티크〉는 "피트니스 클럽이 부르주아의 새로운 코드"라고 썼다. 이 매체에 따르면 프랑스의 피트니스 클럽 회원 수는 전체 인구의 약 8.5퍼센트 정도로 독일(13퍼센트)이나 영국(14.7퍼센트)에 비해 적었다. 하지만 최근 몇 년 사이 대도시를 중심으로 프리미엄 피트니스 클럽이 크게 늘고 있다. 프랑스의 대표적인 피트니스 클럽인 위진의 경우 2004년 20개 정도였던 지점 수가 2018년 300개로 증가했다.

수요를 따라가지 못하는 국내 피트니스 산업

국내 피트니스 산업도 해외 사례와 크게 다르지 않다. 국내에선 몇 년 전부터 '100세 시대'에 대한 관심이 높아졌다. 젊어서부터 건강을 관리해야 한다는 인식이 퍼지면서 지갑을 여는 소비자가 많아졌다. 국내 피트니스 산업은 날로 몸집을 키우고 있다.

문화체육관광부가 매년 발표하는 〈전국 등록·신고 체육시설업 현황〉에 따르면 2017년 체육시설 업소 수는 전년 대비 4.4퍼센트, 업소 면적은 4.6퍼센트가 늘었다. 이 중에서 골프연습장, 수영장, 체력단련장(피트니스 클럽)의 증가 추세가 두드러진다. 2000년 전국의 피트니스 클럽은 3924개소였다. 전체 체육시설 업체의 9.6퍼센트에 불과했다. 하지만 매년 꾸준하게 성장하면서 2017년 8942개소(15.2퍼센트)로 2배 이상 증가했다.

문체부가 2019년 초 발간한 〈체육백서〉에서도 관련 내용을 찾을 수 있다. 2017년 국내 전체 스포츠 산업 사업체 수는 10만 1207개였다. 이 중 스포츠시설업이 3만 8363개(37.9퍼센트)로 가장 높은 비중을 차지하고 있다. 참여스포츠시설 가운데서도 피트니스 클럽의 성장세가 가장 도드라진다. 2015년 사업체 수가 6520개였고, 전체에서 차지하는 비중은 7퍼센트였다. 2016년 7345개(7.7퍼센트)에서 2017년 8381개(8.3퍼센트)로 증가했다. 정부는 2004년 피트니스 클럽을 개설할 경우 융자 혜택을 받을 수 있게 했다. 2017년 13개 업체에서 25억 4700만 원의 혜택을 받았다. 전국 피트니스 클럽의 매출액 역시 2015년 1조 1200억

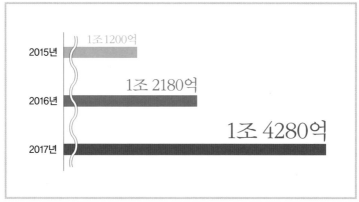

| 전국 피트니스 클럽 매출액 변화 |

2015년　1조 1200억
2016년　1조 2180억
2017년　1조 4280억

(단위:원, 출처: 문화체육관광부 2018 체육백서)

원(1.6퍼센트), 2016년 1조 2180억 원(1.7퍼센트), 2017년 1조 4280억 원(1.9퍼센트)으로 늘고 있다.

〈2016 체육지표〉에 따르면 우리 국민의 평균 여가시간은 3시간 9분이다. 여가 활용 방법으로는 휴식활동(75.3퍼센트), 사회 및 기타활동(54.6퍼센트), 취미오락활동(53.4퍼센트), 스포츠활동(31.6퍼센트) 순으로 높게 나타났다. 일주일에 2번 이상 생활체육에 참여하는 비율은 57퍼센트였다. 이유로는 건강유지 및 증진(73.7퍼센트)이 가장 높게 나타났다. 참가 종목은 걷기(35.6퍼센트), 등산(16.7퍼센트), 피트니스(14.6퍼센트), 축구(8.7퍼센트), 자전거(6.7퍼센트) 순이었다. 피트니스는 2015년 조사에서 12퍼센트를 차지했고 2016년 2.6퍼센트포인트 오른 반면, 등산은 22.4퍼센트에서 5.7퍼센트포인트 떨어졌다. 피트니스의 경우 2030 밀

레니얼 세대의 참여 비율이 높았다. 20대 응답자의 24.5퍼센트, 30대의 22.7퍼센트가 피트니스를 즐기는 것으로 나타났다.

등산 같은 옥외 활동 인구가 줄고 피트니스가 늘어난 데는 미세먼지, 이상기온 등 기후 변화가 가장 큰 영향을 준 것으로 전문가들은 진단한다. 또한 피트니스 센터가 대도시 역세권에 자리 잡고 있어서 접근성이 뛰어나고, 기존의 웨이트 운동과 러닝머신뿐만 아니라 요가, 필라테스, 트램펄린 등 다양한 종목이 생겨 선택의 폭이 넓어진 것도 소비자들을 끌어들인 큰 요인으로 분석된다. 여성의 참여가 폭발적으로 늘어난 것도 피트니스 시장 확장에 큰 영향을 줬다.

2017년 한국스포츠개발원(현 한국스포츠정책과학원)은 피트니스 클럽 운영자와 회원들을 대상으로 설문을 벌여 〈체력단련시설 운영 실태조사〉 보고서를 냈다. 피트니스 클럽의 숫자가 늘면서 민원도 크게 늘었다. 한국소비자보호원에 따르면 2011년 피트니스 클럽 관련 피해 상담 건수가 9585건에서 2015년 1만 8381건으로 2배 가까이 증가했다. 장기 회원권을 판매한 뒤 문을 닫는 '먹튀' 업체도 늘고 있다. 국내 피트니스 클럽 시장은 규모에 비해 내실을 갖추지 못하고 있다는 평가다. 근육질의 인기 연예인이 운영하던 피트니스 체인이 운영난으로 하루아침에 문을 닫은 게 대표적인 사례다. 한때 이 연예인이 TV 프로그램에 나와 자신의 실패담을 얘기하면서 "헬스장, 아무나 하면 안 됩니다"라고 강조하는 바람에 피트니스 센터에 대한 부정적 인식이 확산하기도 했다.

국내 피트니스 클럽의 평균 등록 회원 수는 238.4명, 평균 면적은 131.6평이며 100평 이하가 43.3퍼센트로 가장 많았다. 50평 이하는 18.0퍼센트였고, 200평 초과는 11.1퍼센트였다. 아직 영세한 피트니스 클럽이 많다는 의미다. 피트니스 클럽의 종사자 수는 평균 4.8명으로 나타났으며, 운영자는 평균 1.2명, 직원은 1.7명, 강사(트레이너)는 2명인 통계도 이를 뒷받침한다. 종사자 수 11인 이상인 시설의 평균 등록 회원 수는 587.5명으로 1인 운영의 소규모 클럽(95.2명)보다 6배 정도 많았다. 자금력을 갖춘 대형 피트니스 클럽 체인이 소비자들의 선택을 받는다는 뜻이다.

직원들의
감정을 존중하는
'인간 경영'

3

직원들의
감정을 존중하는
'인간 경영'

직원은 회사의
가장 큰 자산

2019년 7월 GOTO는 본사와 49개 지점에 500여 명을 고용하고 있다. 이들은 모두가 4대 보험(국민연금·건강보험·고용보험·산재보험)을 적용받는 정규직이다.

국내 피트니스 업계의 가장 큰 문제는 급여 수준이 아니라 정규직 종사자가 거의 없다는 점이다. 피트니스 산업의 발전이 그동안 더뎠던 이유도 여기에서 찾을 수 있다. 대학에서 학생들이 취업 나갈 시기가 되면 교수들도 이 업종으로는 추천을 잘 해주지 않는다고 한다.

구 대표는 그동안 4대 보험이 되는 회사에 다녀본 적이 없다고 한다. 그가 사업에 실패해 신용불량자가 되었을 때에는 아버지가 비정규직 근로자, 어머니가 전업주부인 관계로 회계사 사무실에서 일하던 여동생의 의료보험 피부양자로 이름을 올려야 했다. 구 대표는 당시를 떠올리며 자신이 장남으로서 가족을 보살필 수 없다는 것을 정말 창피하게 생각했다고 고백한다. 그러면서 자신과 비슷하게 스포츠 센터 등에서 일하던 친구들도 4대 보험 적용을 받지 못했던 상황을 떠올리며 자신이 그러한 상황을 바꿀 수 없을지를 고민했다. 최소한 아내와 자녀, 가족을 자신의 의료보험 피부양자로 올리는 것이 사회 구성원으로서 최소한의 자격이나 의무라고 생각했다.

노사관계의 근간은 4대 보험 제도에서 시작한다고 생각한다는 구 대표는 4대 보험을 들어주지 않는 곳의 직원은 모두 아르바이트와 다를 바 없다고 말한다. 그러면서 사마천의《사기》에 나오는 구절을 인용한다.

1년만 살 곳에는 곡식을 심고
10년만 살 곳에는 나무를 심고
100년을 살 곳이라면 덕을 심어라

구 대표는 회사를 오랫동안 경영하려면 구성원을 아르바이트로 채우면 안 된다는 생각을 갖고 있었다. 4대 보험 제도를 적용하는지 여부와 상관없이 회사에서 직원들을 어떻게 대하는지를 무엇보다 중요하게 여긴다는 뜻이다. 10년 후, 100년 후 회사를 어떤 방향으로 성장시키겠다는 것을 보여주는 지표가 바로 직원에 대한 처우라고 말하는 데서 그 진의를 읽을 수 있다.

그래서 새마을휘트니스는 창립 때부터 업계에서는 이례적으로 정규직을 고집하며 직원들을 4대 보험에 가입시켰다. 2019년부터는 퇴직연금 제도를 도입할 예정이라고 한다. 퇴직한 후나 행여 중간에 회사가 잘못되는 일이 있더라도 모든 직원이 퇴직금을 제대로 받을 수 있도록 안전장치를 마련하는 것이다.

직원들과의 약속을 가장 우선시하는 회사

새마을휘트니스 창립 때부터 회계를 책임졌던 GOTO 이용길 이사에 따르면 사업의 '사'자도 몰랐던 초기 1년을 제외하고 직원들을 모두 4대 보험에 가입시켰다고 한다. 구 대표가 직원들과의 약속이라면 하늘이 두 쪽 나는 한이 있더라도 지키기 위해 노력하는 사람이어서 경영진 측에서 다른 말을 할 수가 없었기 때문이기도 하다.

아무리 그렇더라도 회사의 형편이 어려울 때는 자금 관리자 입장에서 대표를 견제하거나 옳은 소리를 하지 않았을까. 이 이사는 '이건 아닌 것 같아'가 아니라 '시뮬레이션을 돌려보니 이 부분에서 다음 달엔 위기가 올 수도 있다'는 식의 조언만 줬다고 회고한다. 만약 대표가 나쁜 짓이나 이상한 짓을 했다면 '이건 아니다'라

메이저리그 코리안 특급 박찬호 선수 초청 특강 장면

고 했겠지만, 다른 것도 아닌 직원과의 약속을 지키기 위한 일이
므로 재무 환경을 있는 그대로 알려주는 게 전부였다는 말이다.

안방 살림을 도맡은 이 이사는 늘 속을 태웠지만 가장家長인 구
대표의 활동이나 구상에 방해가 되지 않도록 조심했다고 한다. 고
민에 고민을 거듭하다 '이건 꼭 말해야겠다' 싶어서 말하면 그때
부터 해결책을 찾기 위해 머리를 맞댔다. 그래서인지 구 대표는
이 이사가 전화하는 걸 아주 싫어한다고 한다. 이 이사로부터 전
화가 오면 '또 무슨 일이 생겼나' 싶고 "할 말이 있어" 하면 '또 빨
간불이구나' 싶어 가슴이 쿵 내려앉기 때문이란다.

구 대표는 새마을휘트니스 초창기엔 한 달에 15일을 일하면 나
머지 15일은 돈을 빌리러 다녔다고 한다. 남에게 아쉬운 소리 하

는 걸 워낙 힘들어하는 성격이라 친한 선배를 만나도 돈 이야기
는 꺼내지도 못하고 딴소리만 하다 돌아서기 일쑤였다. 그러면 눈
치를 챈 선배가 "야, 진완아. 너 뭣 땜에 날 찾아왔어. 솔직히 말
해"라고 다그쳐야 비로소 "저~ 돈을 좀…" 하며 본론을 꺼내는 사
람이었다. 그런 상황에서도 직원들의 급여를 한 번도 미루지 않았
고, 20호점이 생길 때까지 일 잘하는 직원에게 자신보다 더 많은
연봉을 줬다.

삼포세대가 포기하는 일이 없도록

2017년 9월에 가장 큰 위기가 찾아왔다. 그해 추석 연휴는 역대
가장 긴 연휴였는데, 최장 10일에 이르렀다. 그 때문에 신규 등록
회원이 크게 줄었고, PT 수입도 반 토막이 났다. 월초에 입금돼야
할 돈이 막히면서 처음으로 직원들에게 줄 월급을 걱정해야 할
상황이 닥쳤다.

　그때 구 대표는 회원권 가격을 월 2만 원에서 2만 5000원으로
올리자는 제안을 한다. 7년 동안 지속적으로 서비스를 향상시켜
왔으니 고객들도 이해해줄 거라고 판단했다. 그해 10월부터 인상
된 가격을 받겠다고 알리자 기존 회원들이 9월에 대거 재등록을
해 엄청난 매출이 발생했다. 다행히 가격 인상에 대한 저항도 거
의 없었다.

GOTO 직원의 결혼식 장면

　모든 직원을 정규직으로 대우하고 월급을 한 번도 밀리지 않았지만, 그 이면에는 이처럼 피 말리는 순간들이 있었다. 그러나 이같은 배경 속에서 맺어진 신뢰가 갖는 힘은 놀라웠다. GOTO는 20~30대 결혼 적령기 직원이 많은 젊은 회사다. 지금도 매년 많은 직원들이 결혼을 하고 아이도 낳는데, 이른바 삼포세대(연애·결혼·출산 포기 세대)에 속한 직원들이 결혼과 출산을 많이 할 수 있다는 것은 회사에 대한 믿음이 있기 때문이다. 직원들은 GOTO에 대해 최소한 월급은 밀리지 않는 회사, 우리에게 작은 것 하나라도 더 주기 위해 애쓰는 회사, 노동력을 착취하거나 다른 생각을 하지 않는 회사라는 자부심을 갖고 있다고 한다. 이러한 자부심은 결국 책임감으로 이어지며 선순환되고 있다.

나보다는 팀을 우선시하는 회사

GOTO가 자랑하는 급여 테이블을 한번 살펴보기로 하자. 먼저 고객을 유치하고 관리하는 디렉터팀은 총 매출을 기준으로 급여를 지급한다. 업계의 다른 센터에서는 디렉터가 등록시키거나 본인에게 할당된 고객이 재등록을 해야 본인의 매출로 인정받는다. 그러나 GOTO에서는 팀 단위로 움직이기 때문에 집에서 자고 있거나 휴가로 쉬고 있어도 한 명이 등록할 때마다 인센티브가 올라간다.

일반적으로 피트니스 센터에서 트레이너는 팀 플레이보다는 개인으로 활동하는 경우가 많다. 자신이 능력껏 회원을 관리하고 그만큼 보상을 받아가는 구조다. 그래서 피트니스 센터에서 PT 팀장이 자신이 성사시킨 PT 수업을 다른 직원에게 넘겨주는 것은 결코 쉬운 일이 아니다.

하지만 GOTO에서는 목표 매출을 달성하지 못한 트레이너를 위해 잘나가는 트레이너가 회원을 넘겨주는 것이 일상화되어 있다. 신입 회원이 오면 두 차례 오리엔테이션 PT를 한 뒤 "앞으로 PT를 하겠다"고 하면 자신이 아니라 다른 동료에게 PT를 받도록 연결하는 것이다.

한편 트레이너는 인센티브의 액수가 높은 편이다. 평균에 못 미치는 트레이너의 경우에는 최저임금을 보장해주고, 정말 많은 회원을 유치하고 좋은 평가를 받는 경우에는 연봉 1억 원을 넘게 준다. 자신이 기여한 만큼 연봉으로 받아가는 구조가 확실하게 정해져 있다.

GOTO는 직급이 올라가면 비전도 같이 올라간다. 회사가 성장하면서 진급과 동시에 급여가 올라가고 자부심도 같이 올라가는 구조다. 어느 업계나 마찬가지겠지만, 특히 피트니스 업계에서는 급여를 밀리지 않고 제때 지급하는 회사가 최고의 복지 회사라는 말이 있다. 그만큼 영세한 업체가 많고, 급여를 둘러싼 갈등도 심하다. 임금 체불로 인해 상처받은 사람들은 기회만 되면 조금이라도 처우가 나은 곳으로 옮기려고 한다.

직원들의 능력은 곧 회사의 능력

GOTO는 직원들이 언제든지 자유롭게 쓸 수 있는 유급휴가를 9일까지 보장해주고 있다. 디렉터는 근무자가 적어 주 6일을 근무하는데, 최근에 인원을 보충하면서 한 달에 한 번 금, 토, 일 스리오프 휴가를 갈 수 있도록 보장하고 있다. 직원들은 시간의 여유를 느낄 수 있어 해외여행을 많이 나가는 편이라고 한다. 더 넓은 곳에서 많은 것을 보고 즐기고 푹 쉬고 돌아오면 근무지에서 더 활기차게 에너지를 분출하니 회사도 직원도 서로 만족할 수밖에 없다. GOTO는 앞으로 휴가일수를 15일로 늘리는 것을 검토 중이라고 한다.

직원 한 명이 휴가를 가게 되면 그 빈자리는 다른 사람이 채워야 한다. 특히 점장이나 관리자가 자리를 비웠을 때에는 후배들이 나서서 책임감을 갖고 빈자리를 채워주는 성숙한 조직력이 GOTO의 자랑이다. GOTO에서 일주일 이상 쉴 수 있는 유급휴가가 생긴 것은 관리자들을 위한 배려에서 시작했다. 관리자가 장기간 자리를 비워도 직원들이 그 공백을 잘 채워줬기 때문에 회사는 전 사원으로 확대해도 괜찮겠다는 자신감을 갖게 됐고, 그 결과 사원까지 혜택을 누리게 된 것이다.

직원들이 안정적 생활을 누리게 되면 자기계발을 위해 더 투자하게 된다. 회사에서도 그런 환경을 조성하기 위해 사내 스터디 모임을 활성화하고, 외부기관 교육도 적극적으로 지원하고, 관련 도서 구입도 늘리고 있다. 직원들의 자기계발을 통해 회사의 서비스가 질적으로 올라가니 개인 성과도 동반 상승하는 선순환 구조가 이뤄진다고 한다.

경영자가 어떤 포석을 쓰는지 직원들은 다 안다.

'아, 나를 1년만 쓰려는구나. 휴식은 안 주고 혹사시키네. 여유를 주지 않으니 자기계발하고 발전할 기회도 갖기 어렵네.'

'와, 여기는 나와 평생 가려나 보다. 임금, 휴가도 많이 주려고 하고 내 미래까지 생각해주네.'

경영자와 직원의 합이 맞을 때 그 조직은 반드시 성공한다.

서로의 숨은 가치를
빛내는 '가치공유' 시간

서울 KT여의도타워 12층. GOTO 본사가 자리한 곳이다. 사무실에 들어서면 구 대표의 방이 입구에서 가장 가까운 곳에 위치하고 있다. 대부분 회사의 CEO 집무실이 사옥의 가장 안쪽, 넓고 전망 좋은 곳에 있는 것과는 대조적이다. 5평 남짓 되는 구 대표의 집무실 한쪽 벽면은 책들로 가득 차 있고, 가운데에는 10명 정도 둘러앉을 수 있는 원목 테이블이 놓여 있다. 구 대표는 대표실을 갖게 될 때부터 테이블과 의자를 놓고 직원들과 격의 없이 토론하고 책도 읽을 수 있게 꾸미고 싶었다고 한다.

이곳에서 구 대표는 평일 오전과 오후 2시간 정도 시간을 내어 입사 2년 전후의 주니어 직원들과 '가치공유' 시간을 갖는다. 가치공유 시간이란, 대표가 추구해온 철학과 가치, 회사가 나아가고자 하는 방향과 비전을 제시하고 직원 각자가 어떤 마음으로 직장 생활과 자신의 삶을 만들어나갈지 숙고하는 시간이다. 보통 각 지점에서 온 6~8명의 주니어들이 한 조가 되어 진행된다.

처음 자기소개를 할 때에는 낯선 활동에 어색하고 서먹하지만 구 대표가 편안하게 대화를 이끌면서 분위기는 점점 화기애애해진다. 이야기의 주제는 참석자들의 구성과 구 대표의 화두에 따라 조금씩 바뀌는 편이다. 실제로 가치공유 시간에 구 대표가 이야기 주제로 활용하는 대표적인 키워드를 몇 가지 살펴보기로 한다.

해피빈

"많은 사람들이 우리가 얼마나 많은 것을 갖고 있는지 모른다. 우리 GOTO 직원들이 각 지점에서 실시한 행사들을 알리기 위해 네이버 블로그에 포스팅을 하곤 한다. 그때 해피빈이라는 것이 쌓인다. 네이버 콩은 1개당 100원으로 환산되어서 어려운 이웃을 돕는 데 쓸 수 있는 사이버 머니다. 그런데 그런 해피빈을 우리가 몇 개나 확보하고 있는지 알고 있는 사람이 드물다. 이렇게 자신이 어떤 재능을 얼마나 많이 가지고 있는지 모르는 사람이 우리 주변에는 너무나 많다.

자신이 남들을 위해 쓸 수 있는 자원을 갖고 있는 줄도 모르고, 자신이 도울 방법이 있는데도 그냥 넘어가는 경우는 정말 많다. 또 불쌍한 사람을 도와주기 싫은 건 아닌데 자신에겐 도와줄 여

구진완 대표와 입사 2년 차 이하 직원들의 '가치공유' 시간

유가 없다고 생각하는 사람이 많다. 자기 코가 석 자인데 지금 내가 누구를 어떻게 돕느냐고 생각하는 게 일반적이다. 그런 사람들도 자신이 갖고 있는 해피빈 100개, 돈으로 환산하면 1만 원 정도는 갖고 있다. 잘 찾아보면 자신이 남들에게 도움을 줄 수 있는 것들을 하나씩 갖고 있다는 말이다.

우리는 밤하늘을 쳐다보며 '와, 저 별들 좀 봐. 정말 멋있네' 하면서도 정작 자신이 밟고 있는 지구가 우주 수천억 개의 별 중에서 가장 예쁜 별인 줄 모른다. 크고 좋은 것, 멋진 것을 바라보며 달려가는 것도 중요하지만 내 발밑의 현실, 내가 갖고 있는 게 무엇인지 돌아보는 시간도 필요하다."

캐비아

"몇 년 전 미국으로 출장을 갈 때 퍼스트클래스를 타본 적이 있다. 그곳에서는 자신이 원하면 언제든 식사를 제공해주고, 평소에 맛보지 못하던 것들도 많이 준다. 기내식을 먹는 시간에 스튜어디스가 동그란 통을 내밀며 '드시겠습니까?'라고 하는데 거기에 씨앗처럼 생긴 것이 가득 들어 있었다. 나는 모양도 이상하고 처음 보는 음식이라 '됐습니다' 하고 넘어갔다. 미국에 도착해 그때 그것이 무엇이었는지 알고 싶은 마음에 확인해보니 그게 바로 캐비아(철갑상어 알을 소금에 절인 세계 3대 진미)였다. 그 귀한 걸 먹으라고 줬는데도 귀한 것인 줄 모르니 그냥 넘어간 것이다. 이처럼 우리 삶에도 귀한 줄 모르고 지나가는 것들이 넘쳐난다.

내가 서른두 살, 명함을 만들어 팔 때의 일이다. 아침 9시부터 저녁 6시까지 거의 콜센터를 방불케 할 만큼 전화벨이 끊임없이 울렸다. 손바닥보다 작은 명함을 하나 만드는 데 어쩌면 그렇게 많은 수정사항이 있는 것인지 눈코 뜰 새가 없었다. 당시의 내 소원은 직원들과 함께 일하는 날, 낮에 커피 한 잔을 마시면서 햇살을 맞으며 조용히 생각할 시간을 갖는 것이었다.

서른여섯 살, 새마을휘트니스를 시작한 초기에 나는 일하는 것이 너무 갑갑해 밖으로 뛰쳐나온 적이 있다. 근처 카페에 자리를 잡고 잠시 커피를 마시고 있었다. 순간적으로 현실이 너무 비참하게 느껴졌다. 그날은 내 생일이었다. 불현듯 서른두 살 때 친구들한테 했던 말이 떠올랐다. 그런데 놀랍게도 내가 그렇게 간절히 원했던 꿈이 이뤄지고 있는 그 순간에도 난 불평불만을 쏟아내고 있었다.

누구나 늘 현재의 자신이 누리고 있는 것들을 떠올리며 아직 이루지 못한 것들을 생각하기 마련이다. 내가 생각하는 회사는 그런 생각을 하고 있는 직원들의 잠재력과 가능성을 키워주기 위해 애쓰는 곳이다. 직원들 스스로 자신이 갖고 있는 것이 얼마나 크고 좋은 것인지 찾아내기만 해도 풍요로운 하루하루를 살 수 있도록 돕는 회사를 만들기 위해 나는 끊임없이 노력할 것이다."

비빔밥

"미국 친구들과 함께 비빔밥을 먹으러 간 적이 있다. 친구들은 나물을 하나하나씩 건져서 먹고 있었다. 고추장을 한번 찍어 먹어본 뒤에 맵다고 질겁하는 친구도 있고, 참기름 활용법을 몰라 손도 대지 않는 친구도 있었다.

누구나 인생이라는 비빔밥을 만들기 위한 재료들을 갖고 있다. 비빔밥의 장점은 고추장, 참기름, 콩나물, 시금치, 고사리나물, 계란 같은 재료 중 어느 하나가 빠진다고 해서 그 맛을 크게 해치지 않는다는 것이다. 그저 자신이 가진 재료를 잘 비벼서 먹는 법만 알면 누구라도 맛있는 식사를 할 수 있다. 인생도 마찬가지다.

집이 가난하거나 학력이 짧거나 나이가 많다고 해서, 어느 것 하나 부족하다고 해서 세상을 살아가지 못하는 법은 없다. 자신이 가진 재능을 충분히 버무려서 잘 살 수 있다. 가진 것이라곤 하나도 없던 나를 보아도 그렇지 않은가. 심지어 나는 없어도 너무 없었다. 인생이라는 비빔밥에 쓸 재료가 하나도 없는데 지금껏 버티며 살았다.

난 거짓말을 못한다. 우리는 GOTO를 위해 한 걸음 한 걸음 나아가면서 실패도 위기도 이겨내는 노하우를 만들어왔다. 서로 함께하는 힘을 깨닫게 되면 의심하던 세상, 경계하던 세상이 허물어지고 자신도 모르는 사이 조금씩 변하는 것을 느끼게 된다. 세상이 조금 더 아름다워 보이기도 한다. 우린 그렇게 나아가야 한다. 나는 현재 49개인 GOTO의 국내 지점을 300개로 만들 목표를 갖고 있다. 그리고 우리는 아시아로 나아가야 한다. 252억 원을 투자 받았으니 2500억 원을 투자받는 건 더 쉽다. 세상에 없는 피트니스를 우리가 만들 것이다."

미래의 직업을 찾기 위한 밑거름

가치공유 시간은 대표 혼자서 자기 말만 전달하는 원맨쇼 무대가 아니다. 직원들의 고민을 듣고 인생 선배이자 멘토로서 함께 마음을 나누고 적절한 조언을 하는 소통의 장이다.

2019년 서른일곱 살이 된 A 트레이너는 입사한 지 23개월이 되었다. 그도 삶의 굴곡이 심했다. 대학교 재학 시절에 아버지가 사업에 실패해서 집에 빨간 딱지가 붙기도 했다. 졸업을 하고서 스키 강사, 래프팅 강사, 여행사 직원 등 닥치는 대로 일을 했다. 골프 캐디를 하면서 매일 새벽 4시에 일어나는 생활을 7년간 했다.

그때 조금 여유가 생겨서 다시 트레이너에 도전했다. 인터넷에서 트레이닝 강사로 유명한 분의 연습생으로 2년간 있었다. 4대 보험은 당연히 없었고, 회원 1명이 오면 트레이너 2명이 경쟁해서 선택을 받는 시스템이었다. 열악한 환경에서 무한경쟁에 내몰리다 보니 공황장애까지 겪게 되었다.

그는 막차를 타는 심정으로 새마을휘트니스의 문을 두드렸고 지금은 모든 면에서 너무나 만족하며 지내고 있다. 처음에는 새마을휘트니스에서 잘 배운 후 나가서 자신의 센터를 차리려고 생각했었는데, 점점 더 자신의 부족함을 깨닫게 되어 겸손해진다고 한다. 그런 그에게 구 대표가 따뜻한 시선으로 이런 조언을 해주었다고 한다.

"산업에는 흐름이 있다. 옛날에는 주유소를 혼자 할 수 있었지만 지금은 개인이 할 수 없지. 피트니스 업계도 이젠 개인이 할 수 없을 정도로 고객의 요구사항이 너무 많아졌다. 어차피 이 일을 하려면 창업은 피해야 한다. 나는 직원들을 이곳에 가두려고 하는 게 아니다. 직원들이 먼저 '난 트레이너로 독립해 내 사업을 할 것이다'라는 프레임에 갇혀버린 것이다. 지금의 PT라는 직업은 어쩌면 5년 뒤에 사라질 수도 있어."

구 대표는 현실을 냉정하게 진단한 뒤 이런 약속도 건넸다.

"난 전국 대학에 GOTO 피트니스 학과를 만들고 싶어. PT라는 직종의 전문성을 키우면서 더 넓고 다양한 방향으로 미래를 꿈꿀 수 있도록 내가 도와줄게."

직원들의 아이디어를 발현하는 시간

가치공유 시간은 거칠지만 새로운 아이디어가 튀어나오고, 이에 대해 대표와 직원이 격의 없이 토론을 벌이는 장이 되기도 한다.

기획과 디자인 콘텐츠에 관심이 많은 B 트레이너는 헬스장 세 곳과 커피숍을 운영한 경험이 있었다. 청년 창업의 바람에 휩쓸려 푸드 트럭 회사를 설립했다가 정리하고 1년 동안 집에서 폐인처럼 지냈다고 한다. 항상 옆에서 지켜준 아내에게 의리를 지키고자 "월 400만~500만 원은 갖다 주겠다"는 약속을 했고, 새마을휘트니스에 들어와 그 약속을 지킬 수 있게 됐다고 한다.

B 트레이너는 늘 새로운 일에 두려움 없이 도전하는 구 대표를 보면서 다시 한 번 자신의 열정과 에너지를 불태우고 싶어졌다고 한다. 그러면서 GOTO의 성장을 위한 자신만의 아이디어를 제시하기도 했다.

"피트니스 공간에 카페테리아를 집어넣는 시도는 참 좋은 것 같습니다. 여기에 GX를 수강하는 어머님들을 겨냥해 신선 야채를 취급하면 어떨까 싶어요. 각 센터의 지역적 특징을 살려 24시간 데이트 코스 분위기, 홍대 클럽 분위기 같은 걸 만들어보는 것도 좋을 것 같습니다."

B트레이너의 말을 꼼꼼히 노트에 메모한 구 대표가 말했다. "본사에 있는 김지훈 차장은 트레이너로 입사했는데 본인이 기획과 콘텐츠 개발 업무를 하고 싶다고 해서 과장 때 본사로 데려왔다. 난 직원들 여러분이 꺼낸 이야기들을 하나도 허투루 듣지 않아. 특정 분야의 능력보다는 그 일을 정말 하고 싶어 하느냐가 더 중요한 것 같다."

처음에 구 대표가 가치공유를 시작했을 때, 신입 사원이 처음 대표의 말을 들었을 때, 어쩌면 이런 것들이 무슨 소용이 있을까 의심하는 시선도 있었을 것이다. 그가 하는 말은 세상의 기준과 가치관으로 보면 너무나 순진하고 어리숙해 보이는 것이 사실이다. 하지만 구 대표는 그런 가치를 가지고 자신의 피트니스 사업을 10년간 이끌어왔고, 지금은 그 가치를 신봉하는 500여 명의 추종자를 거느리고 있다.

브랜드와 디자인을 파는
피트니스 센터

2017년에 만든 새마을휘트니스 전단지에는 한 인물이 등장한다. '다~준다 그램'이라는 문구와 함께 새마을만의 차별화된 서비스와 파격적인 가격을 소개하는 이미지 속에 모자를 쓴 그 남자는 손나팔을 만들어 "이거 레알?"이라고 말하고 있다. 그가 바로 구대표다. 손나팔 동작을 하고 있는 그의 캐릭터와 함께 약간의 과장을 섞어 우스꽝스러운 만화 형식으로 새마을휘트니스의 장점을 표현한 전단지였다.

전단지 하나만으로도 새마을휘트니스에서 GOTO까지 걸어온 독특하고 험난했던 길을 보여주는 듯하다. 이처럼 새마을휘트니스는 세상에 없는 길을 만들면서 '브랜드'를 창조하는 일도 함께

새마을휘트니스 전단지

구진완 대표가 만화 캐릭터로 등장하는 포스터

했다.

이희주 GOTO 브랜드전략 이사는 대학에서 시각디자인을 전공
했다. 그는 GOTO 지점을 새로 오픈하거나 리모델링할 때 항상
인테리어 현장에 있다. 새마을에서 GOTO로 이어지는 역사를 온
전히 꿰차고 있다. 그는 자신을 'GOTO 브랜드에 특화된 사람'이
라고 말한다.

　GOTO 49개 지점 중 초반에 오픈한 5개를 제외한 44개 지점
의 인테리어가 이희주 이사의 손을 거친 작품들이다. 그가 GOTO
의 인테리어에 손을 뻗게 된 것은 경비를 절감해야 하는 절박한
현실과 함께 시각적인 통일감을 주려고 한 전략이 한몫을 했기
때문이라고 한다. 실제로 새마을휘트니스는 지점마다 디자인 콘
셉트를 통일시키려 노력했고, 친환경적인 편안함을 제공하기 위
해 노력했다. 단가는 낮추면서 시각적으로는 한정된 공간을 최대
한 넓게 보이게 하는 데 모든 노력을 쏟아부었다고 한다.

　피트니스 센터를 인수해서 새롭게 꾸밀 때는 어려움이 더 많았
다. 입지나 공간 형태, 인테리어가 제각각이어서 기존의 요소들을
잘 살리면서 톤을 맞추는 작업에 집중했다. 프레임이나 마감재의
색깔을 맞추고, 마감 선을 동일하게 하고, 로고 같은 사인물에 힘
을 주는 식이었다.

　한정된 공간을 효율적으로 쓰기 위해서도 애를 썼다. 예를 들어

GOTO 매장의 유산소 존. 러닝머신을 두 줄로 배치해 공간 손실을 최소화했다.

보통 피트니스 센터에서는 러닝머신을 창가 쪽에 일렬로 길게 늘어놓는다. 그렇게 하면 러닝머신을 이용하기 위해 움직이는 동선이 모조리 통로가 되어버린다. 20대를 일렬로 놓기보다 양쪽으로 10대씩 놓으면 가운데를 통로로 함께 쓸 수 있어 4~5평을 남길 수 있다.

반신욕기의 경우도 '힐링 존'이라는 구역을 정해 그곳에 모아놓으니 주목도와 활용도가 훨씬 높아졌다. 줄을 서서 기다리거나 예약을 해놓는 회원도 있었다. 현재는 시간을 정해두어 반신욕만 할 경우 30분, 운동 후 반신욕은 15분으로 제한하고 있다.

전단지는 음식 배달 앱으로 대박을 터뜨린 '배달의민족'과 비슷한 느낌이 나게 B급 정서로 특화시켰다. 서울 시내 지하철역을 나오면 반경 1킬로미터 안에 피트니스 센터가 대여섯 개가 진을 치고 있는 무한경쟁 환경 속에서 신생 업체가 자신의 존재감을 알리려면 남들보다 튀어야만 했다.

새마을휘트니스는 처음부터 '우리는 브랜드'라는 점을 확실하게 했다. 비록 지점은 하나밖에 없었지만 처음부터 브랜드로 기획하면서 전체적으로 통일된 느낌을 줄 수 있길 바랐다. 그런 이미지를 통해 스타벅스나 파리바게뜨 같은 브랜드들처럼 어디를 가도 동일한 서비스를 받으며 남들과는 달리 상향 평준화된 느낌을 고객들에게 선사하고 싶었다고 한다. 새마을휘트니스는 서식 하나에 이르기까지 통일성을 갖도록 만들었고 매뉴얼도 통일시켜 각 지점에 내려 보냈다.

새마을휘트니스라는 이름 자체도 B급 정서의 산물이었다. 브랜드를 만들자고 했을 때 직원들은 다른 피트니스 센터들이 모두 ○○짐Gym이라는 식으로 영어를 쓰니 차별화되도록 한글로 지어보자는 의견이 많았다. 그렇게 나온 후보들이 '다담', '다솜' 같은 우리말 이름이었다. 그때 한 직원이 "새마을 어때요"라고 자신 없는 목소리로 말했다. 순간 이희주 이사의 귀에 다른 소리는 들리지 않고 '새마을'이라는 단어만 꽂히는 느낌이었다고 한다.

'이걸로 브랜딩을 하면 할 게 많겠다. 새마을 정신도 있고, 새마

을 식당도 있고, 인지도도 높고….'

그렇게 브랜드는 새마을로 확정이 됐고, 색상도 초록, 로고도 도약하는 느낌이 나도록 만들었다. 초반에는 구 대표의 캐릭터를 의도적으로 많이 활용했다. 신기하게도 전단지에 만화로 등장한 사람이 새마을휘트니스 대표라는 걸 아는 사람이 의외로 많았다. 이것도 브랜드를 구축하기 위한 방법 중 하나였다.

요식업계에는 백종원 씨 같은 대표 브랜드가 있는데 피트니스 시장은 생계형 나눠먹기 식이 되다 보니 1년 치 회원권 팔아놓고 하루아침에 문을 닫아버리는 '먹튀'가 늘 문제였다. 업계 전체의 신뢰 문제를 정면 돌파하기 위해선 매개체가 있어야 했고 그런 수단으로는 '사람'만 한 것이 없었다. 새마을휘트니스의 직원들이 대표를 신뢰하고 따르고 있으니 그런 대표의 매력을 직간접적으로 노출하는 게 좋겠다는 전략을 세웠다. 그렇게 탄생한 캐릭터가 친근하고 다소 코믹한 구 대표의 캐릭터였다.

홍보 전략

새마을휘트니스에서 GOTO로 바뀌면서 홍보전략도 한 단계 업 그레이드해야 했다. 새마을의 슬로건은 '변화, 그 새로움을 위한 노력'이었다. 고객이 피트니스 센터를 찾아와 운동을 하는 행위는 몸과 마음을 새롭게 변화시키기 위한 노력이다. 그런 고객들의 노력을 헛되이 하지 않고 최고의 서포트를 하기 위해 새마을도 기존 업계의 판을 바꿔서 고객에게 최적의 가격으로 최상의 서비스

2019년
GOTO 포스터

서울지하철 전동차 안에서 볼 수 있는 GOTO 광고

를 하겠다는 노력을 어필하고자 했다.

새롭게 탄생한 GOTO의 슬로건은 'FITNESS AS USUAL AS EVERYDAY(일상으로서의 피트니스)'다. 더 이상 운동이 다이어트나 몸 만들기를 위한 노력만이 아니라, 자연스럽고 편안한 일상이 되어야 한다는 의미다. 몸이 예뻐지고 활력을 되찾기 위한 움직임, 바른 운동을 할 수 있는 전문적인 지식 공유, 댄스·요가·반신욕 등 몸과 마음의 힐링을 GOTO가 제공하겠다는 의지를 담았다.

GOTO는 모조리 바꿨다. 보통 브랜드를 바꾸더라도 기업의 메인 컬러는 바꾸지 않는데 새마을의 메인 컬러인 초록에서 GOTO는 오리엔탈 블루로 메인 컬러를 바꿨다. 스마트하고 직관적인 느낌을 주고자 했는데 다행히 고객과 직원들의 반응은 아주 좋았다. 세련되고 깔끔하다는 평이 주를 이루었다. 앤앤컴퍼니는 'GOTO BLUE'라는 브랜드 컬러를 이렇게 설명하고 있다.

'새마을휘트니스의 브랜드 컬러였던 GREEN이 성장과 번영을 상징하는 색으로서 지난 10년간 역할을 해왔다면, 새로운 도전과 자유를 의미하는 BLUE는 희망찬 미래를 지향하는 비전과 긍정의 색으로서 GOTO가 추구하는 바와 정확히 일치합니다. 특히 GOTO BLUE는 동서양이 교역을 하면서 알려진 명품 도자기의 오리엔탈 블루를 모티브로 만들어졌습니다. 이는 오래전부터 세련미와 높은 완성도를 세계로부터 인정받아온 컬러로서 업業을 선도하는 NO. 1 피트니스라는 자부심과 GOTO의 글로벌 도약 의지를 함축한 것입니다.'

"BLUE는 깊어질수록 우리를 무한한 것으로 이끌며, 순수 그리고 궁극적으로 초감각적인 것에 대한 그리움을 일깨운다"라고 말한 화가 바실리 칸딘스키의 설명도 덧붙였다.

GOTO로 브랜드를 변경하고 나서 대대적인 홍보 활동에 나서기 시작했다. 2019년 4월부터 서울지하철 전동차 내 광고도 집행했다. 7월부터는 업계 최초로 TV 광고와 라디오 광고를 동시에 진행하기로 했다. GOTO 광고의 메인 모델로는 선릉점에서 PT로 근무하고 있는 전지혜 트레이너가 애써주었다. 연극배우 출신인 그는 168센티미터의 키와 탄력 있는 몸매를 자랑한다. 밝고 자연스러운 표정과 정확한 자세가 모델로서 높은 점수를 받기에 충분했다.

이처럼 사전에 탄탄한 준비를 마친 홍보전략의 효과는 바로 나타났다. 오태진 이사는 "아직 본격적인 홍보를 시작하지 않았는데도 지하철 광고를 보고 문의를 하는 고객이 꽤 됩니다"라며 기대감을 감추지 않았다.

한 번 망하지, 두 번 망하지 않는다

따지고 보면 GOTO의 출발점은 디자인 회사라 할 수 있다. 구 대표는 첫 사업인 댄스학원을 시작할 때부터 디자인에 중점을 두었다. 당시 댄스학원의 회원이었던 이 이사가 디자이너라는 것을 알게 되자 디자인을 정말 배우고 싶다며 접근하기도 했다. 당시 이 이사는 구 대표의 첫인상이 별로 좋지 않았다고 고백했다. 그런데 부잣집 도련님처럼 보이기만 하던 한 사내가 너무나 진지하게 디자인을 배우려는 모습에 생각을 바꾸게 되었다고 한다. 점점 구 대표를 알게 될수록 자신의 예상과는 전혀 다른 사람임을 발견하게 되었다는 것이다.

이 이사는 구 대표의 첫 사업 실패 현장을 생생하게 목격한 유일한 사람이다. 댄스학원이 경영난으로 문을 닫게 되자 모두가 그를 떠났고, 구 대표는 회원 한 명 한 명에게 사정을 설명하고 사과해야 했다. 그 과정에서 구 대표는 이 이사에게 자신을 도와달라고 간청했다. 마지막 회원이 돌아간 뒤 모든 집기가 다 빠져나간 텅 빈 댄스학원에서 구 대표는 한동안 꼼짝 않고 앉아 있었다.

이 이사는 바로 그 순간 자신이 결혼을 한다면 저 사람이랑 할 것 같다는 생각을 했다. 자신이 시작한 사업이, 말 그대로 '망했다'는 걸 실감한 구 대표의 심정을 이해할 수 있었기 때문이다. 그리고 그게 얼마나 아프고 괴로운 일인지 뼈저리게 느꼈으니 다시는 실패하지 않으리라 생각했다.

이 이사의 위로를 받으며 몸을 일으킨 구 대표는 집으로 가는 내내 펑펑 울었다고 한다. 그리고 다음 날 아침 명함 제작 전단지를 들고 길거리로 나선 것이다.

어쩌면 구 대표의 사업 스토리는 전단지로 시작해 전단지로 계속 이어져왔다고 볼 수 있다. 이제 더 이상 구 대표는 전단지에 등장하지 않을 것이고 전단지를 들고 거리를 돌아다니지도 않을 것이다. 전단지로 영업하던 새마을휘트니스는 10년 만에 국내 최초 기업형 피트니스 체인으로 성장했다. 앞으로는 TV와 라디오, 유튜브와 SNS를 통해 세련된 GOTO의 홍보 영상들이 전파를 탈 것이다. 그러나 변하면서도 변하지 않는 것은 있다. 사람을 섬기고, 꾸준히 공부하고, 연구하고 노력하는 자세 말이다.

직원을 감동시키는 대표

김승호 이사는 GOTO의 교육기관인 앤앤에듀의 센터장이자 300여 명에 이르는 GOTO 트레이너를 총괄 관리하는 직책을 맡고 있다. 말하자면 '트레이너를 교육하는 트레이너'다.

업계에서 인정하는 피지컬 트레이너였던 김 이사의 예전 별명은 '저승사자'였다. 그를 실제로 본 사람들은 핏발이 선 눈에 독기가 가득했다고 입을 모은다. 지금은 GOTO의 '넘버 2'로서 구 대표의 철학과 GOTO의 정신을 알리는 전도사 역할을 담당하고 있다. 피트니스 관련 심포지엄이나 세미나에 강사로도 자주 등장한다. 그가 구 대표를 만나면서 울보로 변한 사건이 있다고 한다.

정직원보다 성실한 프리랜서

김 이사와 구 대표는 새마을휘트니스가 만들어진 2010년에 처음으로 만났다. 명함 만들어 팔면서 죽을 고생을 하던 구 대표는 월 300만 원을 주겠다는 선배의 제안에 목동의 아탑 피트니스 관리자로 가게 되었고, 그곳에서 프리랜서 트레이너로 일하고 있던 김 이사를 만난 것이다.

처음에 구 대표는 김 이사가 마음에 들지 않았다. 직장이 안정되지 않으면 업무에 최선을 다할 수 없으므로 직원은 무조건 정규직이어야 한다는 신념을 갖고 있던 구 대표는 그곳에서 유일한 프리랜서로 근무하고 있던 김 이사를 잘라야겠다고 마음먹었다고 한다. 그런데 하루 이틀 지나고 보니 그가 회원들과 가장 잘 지내고, 다이어트 식단도 잘 지키고, 센터의 궂은일도 도맡아 하는 게 아닌가. 결국 다른 정직원이 다 교체되는 동안 김 이사 혼자 남게 됐다.

그때부터 구 대표는 김 이사를 눈여겨봤다. 새마을휘트니스 창업을 준비하고 있던 구 대표는 PT 부서를 맡아줄 팀장급 인재가 필요했다. 어느 날 구 대표가 김 이사를 저녁 자리에 초대했다. 새마을휘트니스 경영진이자 함께 창업을 도모한 친구들이 모인 자리에서 구 대표는 사업계획서를 보여주면서 김 이사에게 진지하게 도움을 청했다. 수익 구조까지 꼼꼼하게 다 설명해줬다. 김 이사는 당시를 회고하며 구 대표가 진취적인 것 같아 보여도 상당히 신중한 성격이라고 말한다.

"그분의 눈에 제가 좋게 비쳤나 봐요. 사실 그때 전 진짜 못났었거든요. 1세대 트레이너로서 당시에는 '회사'라는 게 존재하지 않았고, 각자도생의 생존경쟁에 내몰려 먹고살 것만 걱정했죠. 그런 제가 대표님 눈에 든 건 인생 최고의 행운이었습니다."

연봉 1억 원이 가지는 두 가지 의미

구 대표는 김 이사를 영입하면서 연봉 1억 원을 만들어주겠다는 약속을 했다. '연봉 1억 원'은 김 이사가 내심 꿈꾸던 바였다. 대한민국에서 1등이 되고 싶었던 그는 1등의 기준이 무엇일지 생각을 하던 중 '연봉 1억 원이면 상위 5퍼센트 안에는 들겠지' 싶어서 단순하게 1차 목표로 연봉 1억 원을 정했던 것이다. 그는 목표를 달성하기 위해 1년에 딱 하루 쉬면서 하루 종일 PT 수업을 한 적도 있었다. 먹은 걸 다 토해낼 정도로 열심히 뛰었다.

새마을휘트니스 5호점을 오픈할 즈음, 재무담당이었던 이용길 이사가 당시 팀장으로 있던 김 이사에게 연봉을 1억 원으로 상향 조정하겠다는 회사의 결정을 전달했다. 김 이사는 속으로 쾌재를 불렀지만, 당시 구 대표와 이사들이 자신보다 적은 연봉을 받고 있는 줄은 짐작조차 하지 못했다. 김 이사는 어떤 근거로 연봉 1억을 받게 되었을까. 이에 대해 구 대표는 모든 것을 단번에 이해할 수 있도록 깔끔하게 설명해줬다.

"1억 원을 받을 능력이 있으면 1억 원을 준다는 게 저희 회사의 방침입니다. 김 이사는 당시 누구도 시비를 걸지 못할 정도로 뛰어난 능력을 보여줬어요. 그는 기획을 할 수 있고, 프로젝트를 만들어냈고, 목표치를 언제나 달성한 유일한 사람입니다."

김 이사는 지금도 사내 행사가 있으면 사진을 찍는다. 그는 회사 공식 행사에서 찍은 사진 수만 장을 갖고 있고, 회사에서 준 모든 비품을 온전한 상태로 보존하고 있다. GOTO가 박물관을 만든다면 아마도 김 이사가 보관하고 있는 자료만으로도 충분할 것이다.

김 이사는 자신이 대표보다 높은 급여를 받는다는 사실을 몰랐다고 한다. 대표가 자신이 가져가야 할 몫을 나누고, 경영진이 가져가지 않고 직원들을 최고로 대우해준다는 것이 말처럼 쉬운 일은 아니기 때문이다. 하지만 훗날 시간이 지나고 난 뒤에 그런 사연들이 알려지면서 새마을휘트니스와 직원들의 끈끈한 관계를 더욱 돈독하게 만들어줬다.

나만 빛난다고 회사가 빛나지 않는다

한편 김 이사는 회사에서 구 대표에게 가장 많이 혼나는 사람이기도 하다. 정작 당시에는 자신이 혼나는 줄 모르고 지나가지만, 뒤 돌아서 생각하면 자신이 크게 혼났다는 것을 깨닫게 된다고 했다.

김 이사가 지점에 있을 때 본사로 호출된 적이 있었다. 너무 강하게 직원들을 쏘아붙이다 보니 완급 조절을 하지 못했던 것이 발단이었다. 자기 나름대로는 기강을 잡느라 싫은 소리도 많이 했고 그 덕분에 저승사자라는 별명이 붙을 정도였다. 구 대표는 사내에서 벌어지는 일들을 살펴보던 중 더 이상 방치할 수 없다고 판단해 김 이사를 불러들였다.

"어느 날 대표님이 전화로 '승호야, 오늘 업무가 어떻게 되니? 내일로 미뤄도 되면 잠깐 볼 수 있을까'라고 하셨어요. 그래서 본사로 갔더니 무작정 차에 태워서 레스토랑 같은 데로 데리고 가시는 겁니다. 대표님과 함께 돈가스를 먹었어요. 이런저런 말을 들어주시더니 저에게 '본사로 잠깐 들어와야 할 것 같아'라고 하셨어요. 그 말 한마디를 하기 위해 하루를 오롯이 저를 위해 쓰셨던 거죠."

본사로 들어온 김 이사는 대표 방에서 하루 종일 책만 읽었다고 한다. 대표가 추천한 책을 읽고 느낀 점을 서로 공유하기도 했다. 회사나 업무 얘기는 한마디도 하지 않았다. 그렇게 일주일을 보내는 동안 김 이사는 자신에게 어떤 문제가 있는 것인지를 깨닫고는 회사와 대표에게 죄송한 마음이 더 커졌다고 한다. 구 대표와 함께한 일주일 이후, 현장으로 복귀한 김 이사에게서는 더이상 '저승사자'의 모습을 찾아볼 수 없었다.

또 언젠가 김 이사는 회의 도중에 구 대표에게 엄청나게 혼난

적이 있었다. 그 이유는 자신이 데리고 있던 트레이너 한 명의 한 달 매출이 0원으로 나왔기 때문이었다. 구 대표는 김 이사에게 직설적으로 쏘아붙였다.

"도대체 넌 뭐 하는 사람이냐. 걔가 그런 상황인 줄 알고는 있었어? 한 사람의 매출이 0원이어서 문제가 아니야. 그 친구의 매출이 0원이라서 작아지는 급여, 그로 인해 그 친구가 힘들어지는 걸 너는 생각해봤냐고!"

김 이사는 자신이 근무했던 지난 10년 동안 구 대표의 말에 단 한 번도 토를 달아본 적이 없다고 했다.

"당시는 회의 내내 창피하고 죄스러워서 한마디도 못했죠. 회의 끝나고 많이 울었어요. 그날부터 그 친구만을 위한 기획을 하고 그 친구만을 위한 전단지를 만들어 뿌렸습니다. 그렇게 한 달을 보내고 나니 다음 달 그 친구가 매출 1등을 달성했어요."

김 이사의 눈시울이 붉어지는가 싶더니 눈물이 콧잔등을 타고 흘러내렸다. 그는 자신이 얼마나 나쁜 사람이었는지를 깨닫게 됐다고 했다. 실적을 올리지 못하는 친구를 향해 '쟤는 원래 안 되는 애니까'라고 생각하며 외면했던 자신을 발견했던 것이다. 김 이사는 그동안 자신은 과연 무엇을 해왔는지 자문했다. 그리고서 잠 한숨 못 자고 충혈된 눈으로 죽을 만큼 일했던 것들이 오로지 자신만을 위한 것이었음을 비로소 깨달았다고 했다. 그 일을 겪으면서 김 이사는 스스로 '트레이너를 교육하는 트레이너'라는 가치관이 자리 잡기 시작했고, 무엇을 어떻게 도와야 할지를 먼저 생각하게 됐다고 회고했다.

회사는 천국이 아니다. 도덕적 해이도 존재한다. 김 이사는 그 것이 늘 신경 쓰인다고 했다. 직원들과의 친분을 추구해야 하는 데 친하기 때문에 잔소리를 못하는 건 친분을 유지하지 않는 것 만 못하다고 그는 생각했다. 때로는 넘지 말아야 할 선도 있을 것 이고, 체계적인 프로세스가 없으면 회사가 아니라 종교 집단이 돼 버릴 수도 있기 때문이다.

"알아서 잘하는 사람은 없어요. 직원이 신규 회원을 상담하면 꼼꼼하게 보고서를 써야 합니다. 지점별로 매일 매출은 오후 1시, 오후 6시, 최종 마감 이렇게 3단계에 걸쳐 보고를 하게 돼 있습니 다. 그래야 이런 큰 조직이 돌아가는 거죠. 사람 냄새 나는 조직문 화 못지않게 그것을 유지하기 위한 제도적인 원칙과 기준이 명확 히 서 있어야 합니다."

리더의 철학과 구성원의 자발성, 인간 존중 경영의 시작

GOTO만의 독특한 조직 문화는 언제까지 유지될 수 있을까. GOTO는 직원 100명일 때부터 외부로부터 "지금처럼 하면 안 된다", "너희 언제까지 그렇게 할래"라는 조언을 숱하게 들었다고 한다. 그때마다 구 대표는 "1000명까지는 해보자"고 받아친다고 한다. 슈퍼바이저가 지점 10개까지 관리할 수 있으니 슈퍼바이저

밑에 5명을 붙이고 그 밑에 또 5명을 붙이는 식의 체계를 만들고 있다. 다만 지금까지 유지한 게 옳다고 해서 지금 들어온 사람에게도 옳은 건 아니니 신입 직원에게 이런 회사의 문화를 강요해서는 안 된다는 게 경영진의 생각이다.

그런 차원에서 바로잡고자 노력하는 것이 회사 선배가 후배에게 반말하는 문화다. 형, 동생이라는 호칭은 서로 편하고 좋을 때나 하는 거다. 쉽게 생각해 반말을 한다는 건 내가 상대방에게 윗사람이 되겠다는 것이다. 그게 어떤 의미인지, 그걸 수용할 수 있는 수준인지는 서로 깊게 생각해볼 필요가 있다. 그저 나이가 많고, 먼저 들어왔다는 이유로 말을 편하게 하는 건, 자신의 책임은 내려놓고 위력과 권력을 편하게 사용하겠다는 뜻으로 볼 수밖에 없다. 그로 인해 마음의 상처를 받는 구성원이 많아지는 건 용납할 수 없는 일이다.

그런가 하면 GOTO의 초창기 멤버로서 중요 보직을 맡고 있는 간부들은 구 대표에게 가장 크게 혼날 때 "너 나한테 이러면 안 되는 거잖아"라는 말을 가장 많이 듣게 된다고 한다. 그 말 속에는 '내가 너한테, 회사가 너희한테 그렇게 한 적 없잖아'라는 뜻이 담겨 있다.

'폭언'에 대한 의미 규정도 다시 생각해봐야 한다. 쌍시옷이 들어가는 말만 폭언은 아니다. 쌍욕을 하는 사람은 당연히 쫓겨나야 하겠지만, 아무렇게나 말을 내뱉는 사람도 자신이 폭언을 일삼고 있는 것은 아닌지 돌아봐야 한다. 상대방 감정을 고려하지 않고 잘못을 지적하는 것도 폭언에 해당한다.

인간 존중의 경영은 회사의 크기, 종업원의 숫자와 크게 상관없다. 리더가 어떤 철학과 가치를 갖고 어느 방향으로 이끄느냐, 그리고 구성원들이 얼마나 자발적으로 따라오느냐에 달려 있을 뿐이다. GOTO의 독특한 조직 문화가 어디까지 뻗어가고 언제까지 지속될 것인지 관심을 갖고 지켜봐야 할 이유가 여기 있다.

우리의 비전이
곧 업계의 비전

조현곤 (앤앤컴퍼니 본부장) **인터뷰**

———

조현곤 본부장은 경기도 일산에 있는 GOTO 4개 지점(마두, 탄현, 화정, 주엽)을 총괄 관리하는 슈퍼바이저다. '서열 10위' 안에 드는 구 대표의 핵심 측근이라 할 수 있다. 조 본부장은 체육과 출신도 아니고, 구 대표와는 입사 전까지 얼굴 한 번 본 적도 없는 사이다. 그런데도 그는 트레이너로 입사해 점장을 거쳐 본부장까지 올랐다.

Q. 구 대표와의 인연은 어떻게 시작됐나

A. 저는 체대 출신이 아닙니다. 서일대 연극영화과를 졸업하고 배우 생활을 했어요. 뮤지컬 같은 걸 하면 춤도 추고 몸을 쓰

는 일이 많아서 트레이닝을 꾸준히 해야 해요. 몸에 관심을 갖고 공부하면서 운동하다 보니 트레이너 자격증을 따게 됐고, 2011년 6월에 처음 입사한 게 새마을휘트니스였어요. 트레이너로서 열심히 일해서 주임까지 올라갔는데 어느 날 대표님이 저를 부르시더니 "노원점을 오픈하는데 네가 점장을 맡아줬으면 좋겠다"고 하셨어요. 뜻밖의 제안에 얼떨떨했지만 저한테 기회를 주신 거라 생각하고 감사히 수락했습니다.

Q. 갑자기 맡은 점장 일이 힘들진 않았나

A. 당연히 힘들었죠. 트레이너만 해왔고 아무것도 모르던 제가 지점 전체 직원을 관리하는 점장을 해야 하고 PT 팀장도 겸해야 했거든요. 그렇지만 나이가 들어가면서 트레이너로서 체력적으로 달리는 것도 느껴지고 새로운 일에 도전해보는 것도 괜찮겠다 싶어서 맡았죠. 그런데 한 3개월 계속해서 매출이 떨어지니까 어떻게 해야 할지 모르겠더라고요. 많이 당황하고 힘들었어요.

Q. 그 당시 구 대표는 어떤 조치를 했나

A. 아무래도 사람 마음을 사고 직원을 관리하는 일에 제가 부족하다고 판단하셨나 봐요. "점장 일 잠깐 스톱하고 나와 같이 공부하자"고 하셨어요. 그리고 정말로 다른 직원 3명과 함께 매일 하루 한 권씩 대표님이 정해준 책을 읽고 거기에 대해 토론했

어요. 그 보름의 시간이 제가 태어나서 가장 행복했던 시간이었습니다. 지점 걱정도 됐지만 대표님이 그런 리스크 감수하고 불러주신 거니까 온전히 집중하려고 했죠. 자기계발서, 경영기법, 처세술 같은 책을 읽은 게 아니고 세종대왕이나 칭기즈칸, 국내외에서 존경받는 기업가들의 자서전 같은 걸 읽고 그분들한테서 본받아야 할 점을 토론하고 배워나갔죠.

Q. 그건 일종의 징계였나

A. 그렇다고 봅니다. 관리자로서 책임을 완수하지 못했으니까요. 보름간 책을 읽으면서 자신을 돌아보게 됐고, 담배꽁초 함부로 안 버리는 것처럼 사소해 보이는 일부터 제대로 하지 못한 제 모습을 반성하게 됐어요. 대표님은 "처음부터 다시 시작해보자. 그동안 점장이라는 이름을 달고 부끄럽게 일했다면 점장이라는 걸 과감하게 내려놓고 홍보부터 다시 시작하자"고 하셨지요. 사원부터 시작해 본부장까지 올라온 사람이 4명 정도 있는데 그중 한 명이 접니다. 학연, 지연 아무것도 없고, 만날 연극하는 게 좋아서 예술한답시고 떠돌아다니던 놈의 마음을 빼앗아서 이 안에서 결혼도 하고 자식도 갖고 안정을 찾게 해주신 분이 대표님입니다. 과연 나라면 아무 관계도 없는 사람을 이런 위치에까지 올릴 수 있을까 생각하게 됩니다.

Q. 직원이라기보다는 식구라는 느낌이 드는가

A. 식구라는 게 오랜 시간 같이 밥을 먹는 사이라는 뜻 아닙니까. 정말 저희는 그래요. 재작년에 아버님이 갑자기 큰 수술을 받게 되셨어요. 저도 처음 겪는 상황이라 당황해서 이사님께 말씀드렸죠. 조금 있다가 대표님이 전화를 주셨어요. 대표님 목소리 듣자마자 저도 모르게 눈물이 쏟아졌어요. 대표님은 "내가 겪어보지 못한 상황이라서 너한테 말해줄 수 있는 건 지금 바로 아버님 곁에 가는 게 맞다는 거다. 내가 만약 너라면 그렇게 했을 것 같다. 지점은 동생들한테 맡겨두고 가라"고 하셨어요. 어떤 회사가 아버님 편찮다고 병가 내고 가보라고 할까요. 저희는 좋은 일이든 안 좋은 일이든 멤버가 항상 그 자리에 있었던 것 같습니다. 할아버님이든 아버님이든 돌아가시면 사흘 내내 그 자리를 지켜줬어요.

'우리는 가족입니다'라고 내세우는 회사는 대한민국 어딜 가도 쉽게 만날 수 있다. 조 본부장은 "그런 곳은 보이는 면에 치중하는 게 많은 것 같아요. 다 같이 골프 치러 가고, 다 함께 정장 입고 좋은 데 가서 밥 먹고 하는 사진 등을 많이 올리잖아요. 저희는 일부러 안 올리는 건 아닌데 그런 사진이 거의 없어요. 의미를 담은 사진이 많지만 뭔가를 자랑하기 위한 건 없다는 거죠"라고 말했다. 또 "저희는 진짜 자신 있게 '우리는 가족 같은 회사'라고 말합니다. 대표님과 선배들로부터 그런 걸 배웠기 때문에 저도 지점에서 직원들 가족사까지 알려고 하고 힘들 때 의지가 되는 사람이 되려고 노력합니다"고 덧붙였다.

Q. 패밀리십을 느끼게 하는 시스템이 있나

A. 이 업계에서 정직원 개념이 정확하게 잡혀 있는 회사는 우리가 유일하지 않나 싶어요. 최장 9일 동안 갈 수 있는 휴가도 자랑거리죠. 제가 사장이라면 직원들이 쉬는 게 두려울 것 같아요. 한 사람이 쉴 때 누군가 그 자리를 채워야 하고 매출은 유지해야 하니까요. 하지만 과감하게 9일간 휴가를 보내주고 더 넓은 곳에 가서 세상을 보고 많은 걸 느끼고 왔으면 좋겠다는 게 대표님 방침이죠. 트레이너들은 휴가 기간에 일을 못 하면 인센티브 못 받으니까 휴가 안 가려는 게 이 바닥 정서입니다. 급여가 적으니까요. 저희는 휴가 다 가도 기본급으로 충당되고 인센티브 비율이 높으니까 휴가 때 나와서 일하는 친구가 없어요. 휴가 때 외국 가는 직원 비율이 대한민국 회사 상위 1퍼센트가 아닐까 싶네요.

Q. 직원들이 구 대표에 대해 어떻게 생각한다고 보는가

A. 딱 한 가지만 봐도 알지요. 지난 3월 코엑스에서 열린 SPOEX에서 저희 GOTO 부스가 제일 컸잖아요. 근무 아닌 친구들이 휴일인데도 엄청 많이 모였어요. 그 친구들이 줄 서서 대표님과 사진 찍으려 하더라고요. 무슨 연예인도 아니고, 악수 한 번 하

고 사진 한 번 찍으려고 토요일에 거의 한 시간을 기다렸어요. 그 모습 보면서 '참 부럽다, 나도 악수 한 번 하고 싶고 사진 한 번 찍고 싶은 사람이 되면 좋겠다'고 생각했어요.

Q. 외부 고객이 GOTO를 보는 느낌은 어떤 것 같은가

A. "다른 피트니스랑 다르네" 하는 얘기를 자주 들어요. 어르신들 한테서 제일 많이 듣는 소리가 "인사 좀 그만해" 아니면 "여기는 인사 잘해서 와"라는 말이거든요. 저희 트레이너 중에 회원 출신이 많아요. 지점에서 운동하는 시간에 트레이너 모습 보면서 배워보고 싶고 이 회사 들어오고 싶다는 마음을 갖게 되나 봐요. 이 지점 면접에서 떨어지면 다른 지점 가서 면접 봅니다. 한번은 제가 떨어뜨린 친구가 행사장에 있는 겁니다. '어? 이 친구가 왜?' 그랬는데 떨어뜨린 이유가 많이 개선돼서 다른 지점에 합격한 겁니다. 신입 직원들한테 말하는 건 "인사 잘하자. 목소리 조금만 더 크게, 밝게 인사하자", "청소 잘하자. 떨어져 있으면 줍는 게 당연한 거다" 이런 겁니다. 기본에 충실할 뿐인데 기본이 안 된 데가 워낙 많으니까 우리가 칭찬받는 거지요.

Q. 얘기를 듣다 보니 세상에 이렇게 좋은 직장이 있나 싶다. 그렇지만 직장이 천국이 될 수는 없는 법 아닌가. '이건 좀 아니지 않나' 싶은 것은 없나

A. 저희는 어떤 곳보다 근무시간이 깁니다. 어느 순간 힘들고 지칠 때도 있죠. 대표님이 그렇게 하니까 보고 배운 게 그거라 노

동력에서 지고 싶지 않은 거죠. 그러다 보니 "다른 곳은 올라갈수록 편한데 여기는 올라갈수록 일을 더 많이 하냐" 하는 말도 들려요. 저는 부장 때까지도 오토바이 타고 나가서 광고했거든요. 지금도 지점 도착해서 제일 먼저 하는 게 인포메이션 데스크 청소, 샤워실 믹싱입니다. 어느 순간 '8년 동안 하고 있는데 언제까지 이렇게 해야 하지' 할 때가 있어요. 일주일에 하루밖에 가족과 시간을 못 보내니 와이프도 "좀 쉬었으면…" 하고 말합니다. 워라밸(일과 삶의 조화)이 깨지는 경우가 있어요. 물론 급여는 누구보다 많이 받고 있지만 말입니다.

Q. GOTO의 앞으로 비전은 무엇인가

A. GOTO는 대한민국에서 아무도 가보지 못한 길을 가고 있습니다. 제가 여기 들어와서 얼마 되지 않았을 때 경쟁업체 본부장이 영입 제안을 해왔어요. 누구나 가고 싶어 하는 퀄리티 높은 호텔형 피트니스 멤버십이었어요. 지금은 거기 다니는 친구가 저희 회사에 오고 싶어 합니다. 그 회사는 우리보다 먼저 상장 목표를 세웠지만 달성 못 했어요. 저희는 처음부터 저가 정책으로 시작해 시장에서 나쁜 소리도 들었는데 지금은 세 걸음 이상 앞서 나가고 있습니다. 저희의 비전이 앞으로 피트니스 업계의 비전이 될 겁니다. 가끔씩 헛웃음이 날 때가 있는 게 대표님이 "나는 나중에 이렇게 할 거고, 너희도 이렇게 할 거야. 누구는 지역장이 될 거야" 했던 게 이미 다 실현이 됐다는 겁니

다. 대표님은 "이런 지역장 회의가 나중에는 하노이 지역장, 마카오 지역장 이런 식으로 될 거야" 하시죠. 앞으로가 걱정도 되고 부담도 되지만 하루하루가 설레는 건 사실입니다.

Q. 구 대표는 사랑받는 CEO가 되는 게 꿈이라고 하던데 실제로도 그러한가
A. 사랑받는 CEO는 분명합니다. 전에 제가 회사에 흡수되지 못하고 겉돌던 시절이 있었어요. 연극을 했던 사람이라 고지식한 면이 있고, 나는 이해하지 않으면서 나를 이해해주기를 바랐기에 상사와 팀원들과 트러블이 좀 있었어요. 대표님이 저 때문에 회의를 두 번 중단시킨 적이 있습니다. "조현곤 주임님 저쪽 방에서 저랑 잠깐 얘기해요" 하시더니 "저는 필요하다면 제 팔 한쪽을 조현곤 주임에게 떼어 주겠다는 각오로 일을 합니다. 그리고 그 마음으로 직원들을 대하고 싶습니다. 저를 믿고 따라와 주세요" 이러시는 겁니다. 내가 뭐라고, 맘에 안 들면 자르면 되잖아. 왜 그렇게까지 하시나 싶었어요. 자꾸만 고집을 부려서 잘릴 수도 있겠다 싶었는데 계속 이해와 희생을 바라셨어요. 그보다 더 많은 걸 보상해주겠다면서요. 그 후 대표님을 온전히 이해하게 되고, 왜 그래야 하는지 알게 되니까 여기에서 더 크게 자리 잡고 싶은 욕심이 생기더라고요.

회의 하러 본사에 왔다가 "현곤아, 네가 좀 도와줘야 할 것 같아"라는 말에 졸지에 인터뷰를 하게 됐다는 조 본부장은 쭈뼛쭈

뻣하면서도 "도와달라고 얘기하는 거 자체가 감사하고, 그렇게 표현해주시는 대표님을 모시고 있다는 자체가 감사하죠"라고 말을 맺었다.

GOTO

피트니스 산업의
새로운 기준을 제시하는
글로벌 기업

4

피트니스 산업의
새로운 기준을 제시하는
글로벌 기업

지하와 지상을 연결하는
반전의 공간,
GOTO SUB

영어 'go to'는 뒤에 따라붙는 단어에 따라 수많은 표현을 만들어
내는 구㈜다. 'go to school', 'go to Busan'처럼 뒤에 장소가 오
면 그쪽으로 간다는 뜻이다. 뒤에 동사가 붙어 'to 부정사'가 되면
'go to have dinner(저녁 먹으러 간다)', 'go to take a rest(쉬러 간
다)'처럼 '~하러 간다'는 의미도 된다.

　이처럼 GOTO는 영어 문법의 'go to'처럼 커다란 확장성을
갖는 브랜드다. 새마을휘트니스가 GOTO라는 브랜드로 거듭날
수 있었던 건 큰 행운이었다. GOTO를 통해 피트니스 영역을 전
방위로 확장시킬 수 있음을 인지했기 때문이다. GOTO-PICK,
GOTO-MEMBERSHIP, GOTO-CARD, GOTO-POINT 등 브

랜드를 활용할 수 있는 연결점은 무궁무진하다. 또 지역적 특성을 고려한 특화 매장, 특정 타깃층을 위한 매장, 피트니스 관련 숍 앤숍 브랜드 등의 그림을 그리고 있다. 그 첫 번째 시도가 바로 'GOTO SUB'다.

지하철 7호선 반포역에 들어설 'GOTO SUB 1호점'

대한민국의 지하철은 세계 어디에 내놓아도 자랑할 만한 교통 인프라다. 영국의 지하철은 전통은 깊지만 너무 오래되어 이용하기에 불편하고, 일본의 지하철은 도시 곳곳을 찾아갈 수 있을 정도로 촘촘하지만 그만큼 복잡하다. 한국, 특히 서울 지하철은 정확하고 깨끗하고 쾌적하다는 것을 세계적으로도 인정받고 있다.

하지만 아무리 지하철 역사의 환경이 쾌적하다고 해도 승객이 지하철을 타러 바삐 오가는 곳일 뿐이다. 최근에 들어서야 역사 안에 편의점, 휴대전화 판매점, 간단한 음식점과 카페 등이 하나둘 입점하고 있다. GOTO SUB는 지하철 역사를 '건강과 즐거움이 있는 살아 있는 공간'으로 탈바꿈시키려는 시도에서 출발한다. 지하철 역사 안에 미니 피트니스 센터를 집어넣는 것이다.

2019년 2월, 앤앤컴퍼니는 서울지하철 7호선 반포역사와 계약을 맺고 지하철 역사 내 GOTO SUB 매장을 유치해 시민의 건강 증진과 청년 창업을 지원하기로 했다. 반포역사는 지하철 역사 내 공간을 합리적 수준의 임대료를 받고 앤앤컴퍼니 측에 제공하고, 앤앤컴퍼니는 GOTO SUB 매장을 설치하고 운영하기로 역할 분담을 했다. GOTO SUB 반포역점은 2019년 9월 오픈을 목표로 하고 있다. GOTO SUB의 기본 콘셉트는 다음과 같다.

첫째, 시간·공간 절약형 피트니스

서울시에 따르면 서울 지하철을 이용하는 하루 이용객 숫자는 798만 명에 이른다고 한다. 그중 20대가 23.5퍼센트, 30대가 24.7퍼센트를 차지한다. 이용객의 절반이 20~30대라는 말이다. GOTO SUB의 메인 타깃도 20~30대 여성이어서 지하철과의 제휴로 좋은 시너지를 기대할 수 있다. 특히 이들은 비교적 높은 가처분 소득을 갖고 있고 외모에 투자를 많이 한다. 또 운동을 하고 싶어 하지만 운동 지식이 부족하거나 쾌적한 공간을 찾지 못하는 경우가 많다. 이들에게 맞춤형 운동 가이드, 데이터에 기반한 회원 관리, 쾌적하고 프라이빗한 운동 공간을 제공한다면 더 없이 좋은 기회가 될 것이다.

또 GOTO SUB는 30대 남성을 서브 타깃으로 삼고 있다. 이들은 건강관리의 필요성은 절감하지만 시간이 부족하거나 번거롭다는 이유로 기존 피트니스 센터에 가기를 꺼린다. 큰 변화 없는 운동 프로그램에 싫증을 내기도 한다. 이들에게는 출퇴근 동선 내 위치하고, 충분한 편의 시설을 갖춘 피트니스 공간이 필요하다.

국산 모바일 헬스케어 시스템인 온핏On Fit은 고객이 매장에 들어오면 사물함 배정부터 시작해 오늘의 심박수나 컨디션에 따라 어떤 운동을 해야 하는지도 알려준다. 스마트폰 하나만 있으면 안내에 따라 운동의 종류와 강도를 조절해 편안하게 운동을 즐길 수 있다.

또 하나의 국산 시스템인 버추얼 메이트Virtual Mate는 본인의 체력 상태와 함께 중점적으로 관리해야 할 부분이 무엇인지를 알려주고, 맞춤형 프로그램을 짜준다. 또한 빅 데이터에 기반한 운동결과 피드백을 제공하며, 혼자 게임을 즐기듯 또는 2명이 경쟁하듯 재미있게 운동을 할 수 있도록 도와준다.

GOTO SUB는 급하게 와서 운동만 후다닥 하고 가는 곳이 아니라 운동·영양·휴식의 3박자가 갖춰진 피트니스를 지향한다. 그래서 GOTO SUB 기획자들은 영국을 방문해 '바디짐'이라는 프리미엄 클럽이 운영하는 건강·영양 음식 제공 시스템을 벤치마킹했다. 이를 토대로 GOTO SUB 안에 건강한 라이프 스타일에 도움이 되는 음식과 부담 없는 식사 대용품을 판매하는 공간을 마련하기로 했다. GOTO는 ㈜파지티브호텔과 제휴를 맺고 지중해 식단을 기반으로 한 고급 건강식 'PH 지중해'를 포함해 다양한 헬스 푸드를 제공할 예정이다.

또한 신체의 순환과 회복을 극대화하는 '에어 컴프레션'과 질소 마사지기를 운동 전후에 사용함으로써 최적의 컨디션을 유지할 수 있도록 했다. 바쁜 직장 생활에 지친 고객이 퇴근 전에 잠시 편안한 휴식을 취하는 공간을 갖게 되는 것이다.

넷째, 청년 창업의 기회를 제공하는 피트니스

GOTO SUB는 향후 무인화가 가능하도록 시스템을 마련하고 있다. 또 체육 전공이나 트레이너 출신 청년에게 저렴한 비용으로 창업의 기회를 줄 수 있도록 준비 중이다. 앤앤컴퍼니가 총괄 관리하되 프랜차이즈 개념으로 역사별 지점을 분양한다는 계획이다. 청년 창업자들은 앤앤컴퍼니를 비롯해 GOTO SUB에 참여한 공공기관과 금융기관의 도움으로 창업자금을 대출 받는다. 현재로는 2명 내외의 인력이 필요하지만 자동화가 진행되면 인력이 없는 시간에 무인으로 운영이 가능하다. 그러면 점주는 그 시간을 자신의 또 다른 일에 쓸 수 있다.

생활스포츠지도사 2급(보디빌딩) 보유자 우선으로 점장을 뽑게 되면 이들이 회원을 대상으로 맞춤형 PT를 할 수도 있다. 내부 시스템 운영에 대해서는 GOTO 교육기관인 앤앤에듀에서 체계적인 교육을 해줄 예정이다.

도심 속의 새로운 생활형 플랫폼

구 대표는 GOTO SUB 성공의 열쇠가 얼마나 공간을 효율적으로 활용하느냐에 달려 있다고 말한다. 아무리 저렴하게 공간을 내준다고 해도 다른 업체와의 형평성을 고려하지 않을 수 없다. 초역세권의 80평 규모이기 때문에 월 임대료가 아주 저렴할 수는 없을 것이다. 따라서 다양한 자동화 기기를 마련해 자리를 넓게 차지하는 기구를 줄임으로써 매장 면적을 60평까지 줄이려고 한다. GOTO SUB 이용자는 지상의 GOTO 지점도 이용할 수 있게 하되 월 회원권 가격은 지상 지점보다 조금 더 높게 책정하려고 한다.

GOTO SUB는 피트니스 센터로 그치지 않고 다양한 분야와 연계해 도심 속 생활형 플랫폼으로서의 가능성을 만든다. 예를 들어 매장 안에 소형 무인세탁소를 입점시키면 운동 후에 젖은 운동복을 바로 세탁·탈수해서 집으로 가져가거나 다음 날 퇴근길에 가져갈 수 있다. 또 각자에게 배당된 사물함을 활용하면 우편물이나 택배를 받아놓을 수도 있고, 생활필수품을 싸게 구입할 수도 있다.

GOTO SUB의 아이디어는 일본의 패밀리마트가 소규모 피트니스 센터를 운영하는 방식에서 빌려왔다. 패밀리마트가 입점한 건물의 옥상이나 다른 층에 피트니스 센터가 들어가는데, 대부분 무인 시스템이고 관리자 한 명이 청소와 정리를 한다. 회원들은

소규모 피트니스 센터가 입점해 있는 일본의 패밀리마트

운동에 필요한 물이나 음료수, 수건, 양말, 속옷, 식사나 간식 등을 패밀리마트에서 사 갈 수 있다. 패밀리마트는 아예 펀드를 형성해서 새로 점포가 만들어지면 '1+1' 형식으로 피트니스 센터가 같이 들어가는 방식을 택하고 있다.

이처럼 일본 피트니스 업계에는 대자본이 들어가 장악하고 있다. 일본은 게임회사 코나미가 소유한 피트니스 센터가 매장 수 300여 개로 1위를 달리고 있다. 패밀리마트도 상위권이다. GOTO도 이 같은 시스템을 구상 중이다. 편의점이나 대형 마트 등과 연계해 피트니스 센터를 연결시키는 것이다.

구 대표는 GOTO SUB의 다른 이름을 'Made in Korea'로 짓고 싶다는 의사를 내비쳤다. GOTO, ICT 업체인 온핏, 버추얼 메이트가 모두 국내 업체이기 때문이다. 여기에 국내 금융기관, 공공기관 등과도 협력해 글로벌 자본이나 기술의 도움 없이 '세상에 없는 피트니스'를 만든다는 취지를 브랜드에 반영하려는 것이다. 만약 이 모델이 성공해 뿌리를 내리게 되면 세계 곳곳으로 수출할 수 있고, 또다시 우리 기업들과 함께 글로벌 비즈니스 현장으로 달려가겠다는 게 구 대표의 꿈이다.

서로 통하지 않거나 전혀 이질적인 것들이 만나서 융합하고, 새로운 상품과 서비스를 만들어내는 세상이다. GOTO는 기존의 틀에 얽매이지 않고 언제나 새로운 것과의 이종교배를 시도해왔다. 그 첫 열매가 서울 지하철 공간에서 맺어지고 있다.

아시아로 도약하기 위한 발판, GOTO 부산

GOTO 매장 49개는 모두 서울과 수도권에 위치해 있다. 수도권도 인천을 포함해 고양, 부천, 광명, 성남, 용인 등 서울의 서남쪽 도시에 집중돼 있다.

GOTO는 2020년까지 100개 매장의 오픈을 달성하고 향후 300개까지 늘릴 계획이다. 그러려면 수도권을 벗어나 부산, 울산, 대구, 광주, 대전 등 5대 광역시로 진출해야 한다. 이러한 전국화 포석의 첫 테이프를 끊은 곳이 대한민국 제2의 도시 부산이다.

GOTO의 전국화는 아시아 진출의 전초 단계를 의미하기도 한다. 전국에 GOTO 매장이 300개가 되면 물리적으로 더 이상의 팽창이 어려워질 것이다. 그럼 자연스럽게 시선을 해외로 돌려야 한다. GOTO는 그러한 시기를 대비해 중국이나 베트남 등 아시아 시장을 선점하기 위한 준비를 하고 있는 중이다.

그중 'GOTO 부산'은 피트니스를 통해 도시를 리모델링하겠다는 야심찬 포석으로 진행되고 있다. 부산의 3대 핫플레이스인 서면, 남포동, 해운대를 중심으로 10개 매장을 짧은 시간 안에 오픈함으로써 부산에 'GOTO 바람'을 불러일으키고, 침체된 부산 피트니스 업계에 신선한 충격을 주겠다는 생각이다. 우선 서면, 남포동, 해운대에 매장을 각 1개씩 오픈하기 위해 기존 펀딩과 별개로 부산 프로젝트만을 위한 자금을 확보하고 있다. 부산에 내려갈 1차 정예요원 30명도 선발해 D-Day만을 기다리고 있다.

역세권, 스세권, 그리고 고세권

부산은 참 재미있는 도시다. 인구 343만 명을 자랑하는 국내 최대 항구도시다. 그러나 대한민국 제2의 도시라는 이름에 걸맞지 않게 1980년대 이후 부산을 대표하는 기업들이 도산하거나 속속 외곽으로 빠져나가면서 '제조업 공동화空洞化'와 인구 감소가 급속도로 진행됐다. 2000년대 들어서는 분위기 반전을 위해 해운대 신도시 개발, 마이스MICE: Meeting, Incentives, Convention, Exhibition 산업으로 활로를 찾기 위한 노력들이 줄을 이었다. 해마다 열리는 부산국제영화제BIFF나 2005년에 열린 APEC 정상회의 유치, 부산불꽃

축제, 광안대교 개통 등이 그런 노력의 결과들이다.

　그런 노력들 덕분에 부산은 관광도시이자 소비도시로 변신하게 되었고, 해운대로 대표되는 신도시와 산복도로로 상징되는 구도시가 공존하는 모양새를 갖추고 있다. 하지만 일면 화려해 보이는 외관에 비해 위축돼 있는 것이 현실이고, 서울과의 경제·문화적 격차도 커지고 있다. 또 운동을 하고 싶어 하는 수요는 많아도 체계적인 프로그램과 시스템을 갖춘 피트니스 센터를 찾기 힘들고, 회원권 가격도 서울에 비해 꽤 비싼 편이다.

　GOTO는 부산이라는 도시의 가능성을 엿보고 핫플레이스별로 '콘셉트 매장'을 오픈할 계획이다. 일본의 츠타야 서점이 서점을 넘어 라이프 스타일로서 일상에 스며드는 것처럼, 일상에서 자연스럽게 만날 수 있는 운동 공간을 만들겠다는 것이다.

　서면은 외제차 전시장을 연상시킬 정도로 넓은 공간에 세련된 콘셉트로, 해운대는 해변과 연계된 자유롭고 활기찬 콘셉트로 만들 생각이다. 또 피트니스 강사의 시범을 실시간으로 중계하는 'GOTO 라이브'와 지점별로 특화된 GX 프로그램을 제공해 전혀 새로운 피트니스 문화를 전파할 계획이다.

　오태진 GOTO 전략기획 이사는 부산의 피트니스 업계에 새로운 바람을 주도하겠다는 희망을 전한다.

　"부산의 대부분 피트니스 센터는 월 이용료를 5만 원 이상 받습니다. 우리가 부산에 가면 아마 혁신적인 일이 벌어질 겁니다. 1차 요원 30명은 GOTO의 정신과 문화를 가장 잘 전달할 수 있는 직원으로 뽑았습니다. 서울을 석권한 '최고', '진짜'들이 부산에 왔다는 메시지를 던지는 것이죠."

구 대표는 부산에 진출할 팀이 곧 해외로 진출하는 팀이 될 것이라고 전망하고 있다. 그래서 한 곳에 머무르기보다 이곳저곳을 돌아다니고 싶어 하는 기질을 가졌고, 남들이 선뜻 나서지 않는 길을 가려는 사람들을 우선적으로 뽑았다고 덧붙여 설명한다.

하워드 슐츠는 '커피가 아니라 문화를 팝니다'라는 슬로건으로 기존의 카페와는 전혀 다른 스타벅스를 전 세계에 내놓았다. 국내 시장에서 스타벅스코리아는 '공간을 팝니다'라는 콘셉트로 편안하고 자유로우며 한국인 정서에도 맞는 '한국형 스타벅스'를 다시 창조해냈다. 이제는 '역세권'이나 '숲세권'처럼 스타벅스가 입점하면 그 동네가 살아나고 부동산 값이 오른다는 '스세권'이라는 말이 나올 정도로 우리 생활 속에 깊숙이 자리 잡고 있다.

GOTO도 이제 부산에 '고세권'이라는 바람을 일으키기 위한 준비를 마친 상태에 있다. 부산에서 성공적으로 자리를 잡으면 울산-대구로 이어지는 '영남 벨트'가 형성되고, 곧이어 광주-전주-대전-천안으로 이어지는 '호남선 라인'도 만들어질 것으로 기대한다.

고급 인력의 해외 진출을 위한 발판

GOTO는 전국화와 함께 아시아 시장 진출도 차근차근 준비하고 있다. 중국은 구체적인 협의가 진행 중이고 베트남 등 동남아 국가들에도 교두보를 놓고 있다.

태국, 베트남, 중국 진출은 거역할 수 없는 대세가 됐다고 GOTO 해외 사업 임원은 밝혔다. 아시아 국가들의 피트니스 업계는 아직 초기 단계에 머물러 있는 수준이다. 우리는 치열한 경쟁을 통해 전반적으로 상향 평준화된 상태이고, 적극적인 서비스 마인드를 기반으로 고객 응대를 하는 데 비해 아시아 국가들은 조금 뒤처져 있다고 보면 된다.

업계의 환경이 상향 평준화된 것과 발맞춰 많은 강사들이 일정 수준의 의학적 지식까지 갖출 만큼 수준이 높아져 세계와 경쟁할 수 있는 차원으로 올라섰다. 게다가 한국의 피트니스 시장은 도약기라서 기회 자체가 많다. 미국이나 유럽은 이미 안정기에 접어들었고, 아시아는 이제야 조금씩 선진국의 수준을 따라잡고 있다. GOTO의 내부에서도 "한국에서 더 뻗어나가는 건 한계가 있습니다. 이대로 가면 지점 100개, 200개를 늘리는 것은 시간문제인데 그 정도면 한국을 다 잡아먹은 수준이니 다음 스텝을 준비해야죠"라고 말할 정도다.

체육 전공자의 일자리 창출이라는 면에서도 GOTO의 해외 진출이 갖는 의미는 크다. 우리나라 의대생은 대학을 졸업하면

99퍼센트가 의사가 되거나 의료 관련 일을 하는 반면, 체육학과 출신은 스포츠 관련 일자리를 찾기가 어렵다. 대부분 4대 보험이 적용되지 않는 비정규직 또는 학교·사설 스포츠 기관의 시간제 강사로 나가는 경우가 많고, 보험회사나 군, 경호·보안 관련 회사에 취직하기도 한다.

그럼에도 피트니스 트레이너의 수준은 아시아에서 우리가 제일 높다. 교육열과도 비례한다. GOTO 소속 트레이너들의 교육을 책임지고 있는 김승호 앤앤에듀 이사는 우리나라 사람들의 특징이 피트니스 트레이너들의 높은 교육 수준에 반영되어 있다고 설명한다.

"우리나라 사람들은 자기가 배우지 않고서 가르치는 걸 부끄러워합니다. 체면을 생각하니까 공부를 많이 해요. 저희는 교육기관에서 체계적인 교육이 이뤄지지만 중국이나 대만 같은 곳에서는 제대로 훈련된 트레이너를 찾기가 어려워요. 인력 교육과 아웃소싱이 굉장히 중요해지고 있습니다. 아시아 국가 사람들은 한국 사람을 좋아해요. 우리나라 사람들이 싹싹하고 유연하니까요. 일본 사람들은 좀 샤이한 면이 있고, 피트니스 문화를 받아들이는 속도 면에서도 우리나라보다 좀 느린 것 같습니다."

GOTO에서는 현재 아시아에서 가장 큰 규모로 열리고 있는 피트니스 컨퍼런스도 한국으로 끌어오기 위한 작업을 추진 중이다.

아시아의 피트니스 강자로 거듭나다

중국에서는 상하이와 광저우 같은 대도시에 300개 이상의 지점을 갖고 있는 피트니스 프랜차이즈 업체가 GOTO와 구체적인 협업을 요청하고 있다. 그러나 GOTO 입장에서는 선결해야 할 과제가 있다. 바로 특허 등록 문제다. GOTO는 'GOTO 라이브'와 '콘셉트 매장' 등 현재 4개의 국내특허를 신청 중이다. GOTO만의 특화된 교육이나 운영 시스템도 특허로 보호받지 않으면 언제 어디서 유사품이 튀어나올지 모른다. 따라서 GOTO는 현재 국내 특허 신청과 함께 중국, 베트남, 말레이시아, 미국에 국제특허도 신청하기 위해 변리사와 작업 중이다. 특허 등록이 이뤄지면 GOTO의 무형자산 가치는 50억 원 이상 올라갈 것으로 기대된다.

중국과의 협업에서 눈길을 끄는 대목은 부동산 재벌이 운영하는 아파트 커뮤니티에 들어가는 계획이다. 국내에도 대형 아파트 단지 안에 피트니스 시설이 입주해 있지만 단지 내에 정규 18홀 골프장이 있는 중국과는 비교가 되지 않는다. GOTO는 그런 대규모 아파트 단지 안에 피트니스 센터를 구축해 선진 시스템을 전수해주고 뛰어난 트레이너를 투입해 PT 수업도 개설할 계획이다.

서울과 수도권의 역세권을 중심으로 탄탄한 기반을 구축한 GOTO는 부산을 필두로 해서 '전국구'로 도약하기 위한 준비를 마쳤다. 이와 동시에 해외 진출을 위한 숨고르기에 들어갔다. 10여 년 전 '캘리포니아 짐'이라는 미국 업체가 국내에 들어와서

'먹튀 행각'을 벌이는 바람에 국내 피트니스 시장이 오랜 시간 침체와 후진의 늪에서 허우적거렸다. GOTO는 이 같은 아수라판에서 정도를 걸어 국내 시장을 평정했고, 이제 당당히 해외로 나가려 하고 있다.

GOTO의
오픈 컬래버레이션 서비스

2019년을 시작하면서 GOTO는 겹경사를 맞았다. 하나는 벤처기업협회에서 주는 벤처기업 인증을 획득한 것이고, 또 하나는 중소벤처기업부가 주관하는 '메인비즈' 인증을 받은 것이다.

벤처기업 인증은 벤처캐피털로부터 50억 원 이상 투자를 받은 업체에 주어진다. 인증을 받은 기업은 각종 세제 혜택과 금융 지원을 받을 수 있다. 피트니스 업계에서는 GOTO가 국내 최초로 인증을 받았다.

메인비즈 인증은 마케팅, 기술, 조직관리, 업무개선 등 경영혁신 활동을 통해 성장 동력을 확보한 중소기업에 주어진다. 이 또한 피트니스 업계에서는 GOTO가 첫 사례다. 메인비즈 인증을 받으면 세무조사가 일정 기간 유예되고, 수출·홍보 활동 등에서 지원을 받을 수 있다. GOTO가 방송 광고를 한다면 TV는 최대 50퍼센트, 라디오는 70퍼센트까지 비용 지원을 받을 수 있다.

또한 2019년 7월에는 문화체육관광부와 국민체육진흥공단이 주관하는 〈스포츠산업 선도기업 육성사업〉에 성장형 기업으로 선정돼 정부 지원을 받게 됐다.

이 같은 쾌거는 GOTO가 끊임없는 혁신과 과감한 아이디어로 '가 보지 않은 길'을 개척해온 결과라 할 수 있다. 예를 들어 앞서 소개한 GOTO와 편의점의 컬래버레이션과 같은 아이디어들이 인정을 받은 것이다. 지금부터는 현재진행형인 GOTO의 '세상에 없는 피트니스'를 향한 구체적인 계획과 실천 방안들을 몇 가지 소개한다.

GOTO + 독서실

GOTO가 새롭게 추진하고 있는 계획은 '독서실과 피트니스의 만남'이다. 파트너는 '작심 스터디카페'를 운영하고 있는 ㈜아이앤지스토리다. 2016년 6월에 작심독서실로 시작한 작심 스터디카페는 3년도 되지 않은 기간에 전국 200개 지점을 확보할 정도로 선풍을 일으키고 있다. 작심은 영국 옥스퍼드 대학교 보들리안 도서관을 연상시키는 클래식한 인테리어와 묵직한 학습 환경을 구현해 차별화에 성공했다.

GOTO는 작심 스터디카페가 있는 건물에 미니 피트니스 센터

작심 스터디카페 내부 모습

를 만들어 '공부하다가 잠깐 쉬는 틈에 운동하고, 다시 공부에 집중한다'는 콘셉트를 구현하기로 했다. 아무리 운동을 하고 싶어도 독서실에서 10분 거리에 있는 헬스장까지 갔다 오는 건 독서실 이용자에게 부담스러운 것이 사실이다. GOTO는 피트니스 센터를 이용하고 싶어 하는 독서실 이용자들을 끌어들이기 위해 작심 스터디카페 건물에 60평 정도의 미니 피트니스 센터를 마련하기로 했다.

GOTO + 건강 바우처

보건복지부가 2019년에 내놓은 '국가 비만관리 종합대책'에 따르면 2021년부터 개인 운동을 하는 사람들도 증빙서류가 있으면 체육시설 이용권, 진료 바우처 등의 인센티브를 받을 수 있다고 한다. 그런데 국내에는 정부가 요구하는 기준을 충족시키는 건강증진센터가 25개밖에 없다. 그곳에서 수용하지 못하는 인원은 민간 업체에서 받아주어야 한다. 마침 체지방을 측정하는 인바디 검사 장비 등 정부의 요구 조건을 다 갖춘 센터 중에서는 GOTO가 가장 크고 점포 수도 많다. 2021년부터는 GOTO가 가장 큰 수혜자가 될 것으로 기대한다.

오태진 GOTO 전략기획 이사는 "GOTO는 멤버십과 빅 데이터로 운영되는 서비스가 워낙 많습니다. 운동하는 사람의 빅 데이터는 일반인 빅 데이터와 비교할 때 가치 면에서 전혀 다르죠. 일단 '건강한 사람'이라는 1차 평가를 받은 집단이기 때문에 보험사 같은 곳에선 구미가 당길 겁니다. GOTO가 상장했을 때를 가정한 가치 평가에서 체육시설로서의 가치는 주당 4000~5000원 정도지만 차별화된 빅 데이터의 가치를 환산하면 4만~5만 원까지 올라가는 걸로 나옵니다"라고 설명했다.

GOTO + 기업체

일반적으로 피트니스 센터는 고객을 모집한 뒤 그들에게 서비스를 제공하는 B2C_{Business to Customer} 형태가 대부분이다. 그러나

GOTO는 B2BBusiness to Business 시장에서도 새로운 사업 모델을 만들어내려 하고 있다.

기업형 회원권이 대표적이다. 기업은 직원의 복지 차원에서 꾸준히 운동할 수 있도록 경비를 지원해주는 경우가 많다. 대부분 월 5만 원 안팎의 체력단련비를 지원하거나 직원이 피트니스 센터에서 결제한 영수증을 가져오면 경비로 처리해주는 수준이다.

GOTO는 법인 영업을 통해 그러한 틈새를 공략한다. 예컨대 직원이 500명인 A사로부터 월 100명에 해당하는 회원권 계약을 체결하고 A사 직원이라면 누구나 GOTO 지점을 이용해 운동할 수 있게 해주는 것이다. 회사는 직원들의 체력단련비를 줄이고, GOTO는 안정적으로 회원을 유치해 서로 윈-윈 하는 사업 모델이다. 현재 IBM코리아에서 GOTO 여의도점을 포함한 전 지점을 이용하고 있고, 서울 강서구청 직원들은 강서구 관할 화곡점에서 운동을 하고 있다.

최근에는 대기업과 공기업의 직원 복지 서비스도 증가하는 추세다. GOTO는 이들 기업의 '복지몰(직원들만 들어갈 수 있는 인터넷 홈페이지에서 각종 복지 관련 상품과 서비스를 파는 것)' 입점을 준비하고 있다. 합리적인 가격으로 고급 피트니스 서비스를 받을 수 있도록 상품을 제공하는 것이다.

B2B의 두 번째 사례는 피트니스 관련 식음료 회사와의 협업이다. 건강에 좋고 안심하고 먹을 수 있는 제품을 GOTO 매장에 비치하고 시중보다 싼값에 공급하고, 홍보도 하는 시스템이다. 수제

버거 전문업체 '맘스터치', 베지밀 제조사인 '정식품' 등 20여 개 회사와 계약을 맺고 이들 제품을 전시·판매하고 있다. 러닝머신과 사이클에 부착돼 있는 모니터를 통해서도 피트니스 관련 제품을 홍보하고 있다.

피트니스 업계 최초 네이버스토어 입점

GOTO가 가장 관심을 갖고 공을 들이고 있는 분야는 ICT 기술에 기반한 'G-스마트 솔루션' 개발이다. 이는 광고를 보는 것만으로 적립되는 포인트로 운동과 상품 결제가 가능한 솔루션 플랫폼을 만드는 것이다.

이미 국내에서는 '리워드 앱Reward App' 형태로 서비스가 이뤄지고 있으며 NBT(대표 박수근)에서 개발한 모바일 잠금화면 리워드 앱 '캐시슬라이드'가 시장을 선점하고 있다. 이 앱은 잠금화면에서 광고와 콘텐츠를 보기만 해도 현금처럼 사용 가능한 적립금이 쌓인다. 잠금화면을 열 때마다 회당 1~5원 사이의 캐시가 적립되며, 영상 콘텐츠 시청 시 7~10원, 친구 추천이나 미션 등을 수행하면 커피 한 잔 이상의 금액도 쉽게 적립할 수 있다.

NBT는 캐시슬라이드를 단순한 리워드 앱이 아닌 잠금화면 미디어 플랫폼 서비스로 격상시켰다. 업계 최초로 뉴스, 스토리카드 형식의 콘텐츠를 추가하는 등 잠금화면의 미디어 가치를 높일 수 있는 서비스들을 선보였으며, 영상 콘텐츠를 자체 기획·제작하고, '캐시슬라이드TV' 등 동영상 서비스도 업데이트했다. 현재 캐시슬라이드는 누적 다운로드 1800만 이상의 이용자를 확보하고 있다.

GOTO에서 준비하고 있는 G-스마트 솔루션 앱은 GOTO 회원만 이용할 수 있는 멤버십 폐쇄몰이지만 네이버, 인터파크와 연계해 콜라보를 꾀할 예정이다. 이를 위해 GOTO는 2019년 5월에 피트니스 업계 최초로 네이버스토어에 입점했다. 여기서는 특정 광고를 볼 때마다 포인트를 줘서 포인트가 쌓이면 연회원비, 물건 구매, 음료와 비타민 음용 등에 쓸 수 있게 하는 것이다.

또한 런치핏Lunch Fit(피트니스와 점심을 합친 상품) 회원권을 만들고 있으며, 닭가슴살을 메인으로 하는 웰빙 식품업체인 푸드나무의 체험형 상품권, 단백질 보충제 칼로바이 세트 등을 팔 예정이다. 이 서비스가 궤도에 오르면 'GOTO 아디다스' 같은 플래그십 스토어 형태의 피트니스 센터도 구상할 수 있다. 매장을 아디다스 광고와 출시 제품으로 꾸미고 리워드 앱을 통해 아디다스 광고를 검색해 일정 포인트 이상 쌓은 회원은 무료로 이용할 수 있게 하는 것이다.

GOTO는 늘 새로움을 추구해왔다. 기존의 방식에 안주하지 않고 끊임없이 진화해 온 GOTO가 대한민국 피트니스 산업 구도를 바꿔나가고 있다.

업계의 스탠더드를
꿈꾸다

지금은 누가 뭐라 해도 프랜차이즈 전성시대다. 동네 골목골목에 자리 잡은 카페, 치킨집, 빵집, 편의점 등 수많은 점포들이 대부분 프랜차이즈(가맹점) 형태로 운영된다. 자영업을 꿈꾸는 사람들이 늘어난 사회적 분위기도 한몫했지만 '소자본 창업'으로 다른 대안을 찾기 어렵기 때문이다.

프랜차이즈는 본사에서 통일된 상징물과 인테리어, 업무 매뉴얼과 재료를 보내주고 주기적으로 교육도 실시한다. 그러나 본질적으로 본사와 가맹점은 '계약' 관계에 있다. 직원을 뽑고 점포를 운영하는 방향과 책임은 전적으로 '사업주'인 점주에게 있다. 따라서 동일한 프랜차이즈 점포임에도 불구하고 매출, 근로환경, 매

장 분위기 등은 천차만별이다. 또 점주 입장에서는 본사에 가맹비
와 로열티를 내야 하는 부담도 있다.

피트니스 업계에 표준화를 제시하다

2019년 5월에 국내 최대 미용 프랜차이즈 그룹인 준오헤어를 취
재한 적이 있다. 준오헤어는 직원 3000명에 지점이 150개인데
모두 직영으로 운영되고 있었다.

준오헤어의 심명래 본부장에게 준오헤어가 대한민국에서 가장
큰 미용 그룹인지 물었다.

"매장 수로는 1등인지 모르겠지만 직원 수나 매출액은 압도적
인 1위입니다. 프랜차이즈로 운영했으면 매장 수가 엄청나게 늘
었겠지만 그렇게 하지 않습니다."

그에게 다시 프랜차이즈로 운영하지 않고 직영으로만 하는 이
유를 물었더니 자신만만한 답이 돌아왔다.

"지점 수를 늘려서 돈 벌려고 했다면 당연히 프랜차이즈를 했
겠죠. 저희는 입사해서 스태프와 디자이너를 거쳐 강윤선 대표님
의 철학을 습득하고 7년 정도 시간이 지난 직원한테만 직영 매장
을 열 기회를 줍니다. 이익금은 똑같이 나누죠. 직영점도 쉽지 않
아요. 생각이 조금씩 다를 수 있거든요. 하물며 프랜차이즈는 비
즈니스잖아요. 엄마가 아이에게 준오헤어 다닌다고 말하면 아이

가 자랑스러워한다고 저는 믿어요. 그 이미지를 지키기 위해 직영을 고수한다고 생각합니다."

GOTO도 전 지점을 직영으로 운영하고 있다. 솔직히 말하면 직영 체제가 된 지 얼마 되지 않았다. 2018년까지는 32개 지점 중 6개를 제외한 26개 지점이 프랜차이즈로 운영되었다. 2018년 12월에 펀딩을 받으면서 26개 프랜차이즈 업주와 협상을 통해 직영 체제로 전환시켰다. 더 큰 도약을 위한 내실 다지기 차원이라 할 수 있다.

오태진 GOTO 전략기획 이사는 "프랜차이즈는 각 지점 점주가 사업자가 된다고 봐야 합니다. 모두 생각과 방향이 다르지요. 프랜차이즈의 가장 큰 문제는 관리가 안 된다는 겁니다. 빵집이나 치킨집은 통일된 레시피라도 있지요. 우리는 관계 서비스로서 고객과 직접 맞부딪칩니다. 이때 통일된 조직 문화가 없으면 무너질 수밖에 없어요. 펀딩을 받으면서 동시에 직영화를 진행하는 과정이 힘들었는데 다행히 직원들이 잘 따라줬습니다"라고 말한다.

구 대표의 카리스마와 운영 철학이 워낙 강력했으므로 각 지점 점주들을 설득하는 일은 크게 어렵지 않았다. 그들도 GOTO가 기존 피트니스 센터와 차별화한 상품과 서비스로 성큼 앞서 나가고 있다는 걸 알고 있었기 때문이다. 통일된 조직 문화와 직원 관리, 홍보 전략 등이 각 지점의 매출 향상에 도움이 된다는 것도 체험하고 있었다.

GOTO가 극복해야 할 문제점과 개선방안

GOTO는 직영화를 통해 프랜차이즈 모델의 문제점을 극복하고 최고의 고객 서비스로 매출과 이익을 증대시켜 피트니스 플랫폼 1위 기업으로 성장하려는 목적을 가지고 있었다.

GOTO가 직영화를 준비하며 그 필요성에 대해 정리한 내용을 살펴보면 프랜차이즈나 골목상권이 어떤 문제점을 안고 있는지 쉽게 이해할 수 있다.

- 피트니스 시장은 지역상권 내 경쟁이 치열한 커피 시장의 치킨게임과 매우 비슷한 형태를 띠고 있다.
- 강력한 브랜드만이 살아남아 마지막에 고객을 유치하고 발전하는 특성을 지니고 있다.
- GOTO만의 기업 철학, 경영 방식, 조직 문화를 결속시켜 고객의 반응에 즉각 대응하는 시스템을 구축해야 한다.
- 우리와 함께하는 파트너와 소비자와의 소통을 통해 보다 원활한 비즈니스 생태계를 구성해야 한다.

GOTO의 직영화에 따른 기대 효과와 목표는 무엇일까.

- 100퍼센트 매출 직영화를 통한 통합적인 내부 관리로 고객 관리의 효율성 증대 및 절세 효과
- 매출과 이익을 보다 집중적으로 관리, 규모의 경제로 이익을 극대화시켜 재무 안정성 확보

- 피트니스 업계 1등 기업, 첫 번째 IPO(기업공개) 기업, 글로벌 플랫폼 기업으로의 성장 발판 마련
- 세계적 기업인 플래닛 피트니스(미국)나 코나미 스포츠(일본) 처럼 직영점에서 출발, 네트워크가 커지면서 프랜차이즈와 혼합

기존 피트니스 프랜차이즈 모델에서 발생하는 문제점과 개선 방안에 대해서도 일목요연하게 파악하고 있다.

- **기존 문제** 오프라인 플랫폼임에도 불구하고 연계 기업과의 매장 내 광고 매출, MD(머천다이징) 매출과 수익이 약한 편
- **개선 방안** 직영점의 경우, 매출 통합 기입효과로 기업 볼륨을 높이면 대기업, 중견기업과의 제휴가 손쉬워져 광고 및 MD 매출을 높일 수 있음

- **기존 문제** 피트니스 업계 내 제대로 된 기업이 없고 개인사업 자의 한계로 인해 B2B(기업 간 거래) 매출이 없음
- **개선 방안** 기업 전담 영업인력팀을 구성해 공무원과 대기업 사내 복지제도와 연계

- **기존 문제** 기존 피트니스 매장의 경우 재무적 능력 한계와 마 케팅 비용 문제로 언론 홍보/광고(전단지 수준) 등 고객 접근 방식의 한계점 노출

- **개선 방안** 직영화를 통해 마케팅 강화, 타 피트니스 업체와의 차별화와 강력한 고객 마케팅 실시, 전단지 광고에서 벗어나 미디어를 골고루 활용한 홍보 광고 전략 방안을 제시

- **기존 문제** 직영화는 프랜차이즈 대비 인건비나 판매관리비 비중이 높아 성장 발전에 있어 한계점 노출
- **개선 방안** 현재 인건비 수준을 낮추기 위해 대학 인턴십 도입, GX 무인 수업 도입 등으로 인건비 수준을 낮추며 조직을 강화해나갈 수 있음

이러한 내용들을 종합해서 정리하면 GOTO뿐만 아니라 다른 피트니스 업체들도 기존 피트니스 업계의 주먹구구식 영업을 탈피해서 '기업형 피트니스'로 발전해야 한다. 전면적인 직영체제 구축을 통해 영업, 홍보, 마케팅 등 전 분야에서 규모의 경제를 달성해야 한다는 뜻이다.

먼저 홍보전략부터 살펴보자. 기존에는 거의 전단지 광고에 의존하는 수준에 불과했다. 센터 앞에서 전단지를 나눠주거나 A3 용지 크기의 빳빳한 전단지를 전봇대에 묶어 광고하는 게 전부였다. 물론 이런 방식은 도시 미관에도 좋지 않고 법에도 저촉되지만 피트니스 산업 초창기에는 고객에게 접촉할 수 있는 방법이 거의 없었다. 새마을휘트니스도 예외는 아니었다.

그러나 거액의 자금을 투자받았고, 기업을 공개해 상장사로 거

GOTO의 메인 모델이 된 전지혜 트레이너(오른쪽)

듭나려면 모든 것을 바꿔야만 한다. 앞서 소개한 것처럼 GOTO
는 TV와 라디오 CF, SNS와 유튜브 광고, 지하철과 극장 광고 등
전방위적인 마케팅 홍보, 광고를 실행해나갈 예정이다.

GOTO 선릉점 전지혜 트레이너가 모델로 나선 지하철 광고
도 슬슬 반응이 오고 있다고 한다. 신규 회원에게 '어떻게 GOTO
를 알게 됐습니까'라고 설문을 하면 '지하철 광고를 봤다'는 응답
이 꽤 나온다고 한다. 자꾸 눈에 비치다 보면 익숙해지기 마련이

다. GOTO는 그동안 홍보비를 거의 쓰지 않았는데 2019년에는 20억 원 이상으로 책정하고 있다.

GOTO 경영진은 252억 원의 펀딩을 받은 것으로 코스닥에 상장하는 데 큰 문제가 없을 것으로 판단하고 있다. 매출 1000억 원 달성도 시간문제라고 보고 있다. 문제는 영업이익 20퍼센트를 달성하는 것이다. 이는 지점마다 편차가 있는 문제여서, 평균 15퍼센트 정도 나오는 수준을 20퍼센트까지 끌어올리려면 혁신 작업, 비용 절감 등 전사적으로 움직여야 한다. 직영화가 바로 그러한 변화를 위한 시작인 셈이다.

앤앤컴퍼니 내부에서는 GOTO가 부산에 진출하게 되면 시가총액이 2000억~3000억 원 정도로 증가하는 효과가 있다고 보고 있다. 그만큼 성장성과 잠재력을 확증해 보이는 것이기 때문이다. 또한 GOTO가 부산에 진출하게 되면 플랫폼 사업의 뼈대라 할 수 있는 빅 데이터를 수집하는 데에도 큰 역할을 한다. 서울과 수도권뿐만 아니라 부산에 사는 사람의 삶의 모습을 빅 데이터를 통해 확보할 수 있기 때문이다.

GOTO의 경쟁 상대가 있다면, 그것은 곧 GOTO

이렇게 승승장구하고 있는 것처럼 보이는 GOTO에게도 걱정거리가 있을까. 우선 최근 내수 경기가 너무 좋지 않다는 점이 위협

요소가 될 수 있다. 소비자 지갑이 닫히고 고객 수가 줄어들 수 있기 때문이다.

두 번째로는 2020년까지 1000명 이상으로 늘어날 직원들의 관리 문제다. 동네 슈퍼마켓 수준으로 운영하던 벤처 기업한테 돈을 왕창 안겨주면서 "너희들 큰 거 해 봐"라고 하면 내부 자원 관리와 시스템 운용에서 누수를 걱정할 수밖에 없다.

세 번째는 확장을 하다 보면 작은 실수가 엄청난 파장을 일으킬 수 있다는 것이다. 매장이 커지고 숫자가 많아질수록 안전사고 위험도 높아진다. 회원들이 몰리는 시간이 되면 러닝머신에 줄이 늘어서게 되고, 회원들이 늘어나면서 좁아진 탈의실과 샤워실로 인해 자연스럽게 불만이 터져 나올 것이다. GOTO가 고객 응대와 성희롱 예방 교육에 힘을 더 쏟는 이유도 여기에 있다.

지금까지는 GOTO가 피트니스 업계에 새로운 기준을 만들고 있다. 2018년 국내 피트니스 시장 규모는 2조 4000억 원에 달한다. 그중 300억 원에 가까운 매출을 달성한 GOTO가 1등을 차지하고 있다. 이는 곧 업계를 선도하는 리딩 컴퍼니가 없고 업계 전반이 '도토리 키재기' 식으로 형성되어 있다는 뜻이다. 이러한 분위기 속에서 GOTO는 전체 피트니스 산업의 판을 키우기 위해 전방위적인 확장에 나섰다. '먹튀'로 얼룩진 시장을 깨끗이 정돈하고 '책임'을 구현하기 위해 GOTO가 전 지점 직영 방식을 지켜가는 모습에 기대감을 갖게 되는 대목이다.

GOTO STORY

피트니스에 부는
여성 바람

———

피트니스 센터에 여풍女風이 불고 있다. 그동안 단단한 근육질 몸매는 남성의 전유물로만 여겨졌다. 하지만 최근 젊은 여성들 사이에서 '머슬muscle(근육)' 바람이 불고 있다. 보디빌더 대회에서 근육질 몸매를 뽐내는 여성도 크게 늘었다. 아예 여성 보디빌더를 대상으로 한 '머슬 퀸 대회'도 열리고 있다. 기구를 활용해 잔근육을 키우는 필라테스도 인기다. 피트니스 클럽에서 강도 높은 웨이트 트레이닝을 하는 여성 회원들을 쉽게 찾아볼 수 있다.

남성은 웨이트, 여성은 GX
GOTO 본사에 의뢰해 49개 지점에서 운동하는 전체 회원의 남녀 성비를 알아봤다. 남자 59.58퍼센트, 여자 40.42퍼센트로 6 대 4 비율이었다. 남자 회원이 늘어난 가장 큰 이유는 GOTO가 다른 피트니스 센터를 인수한 뒤 웨이트 기구를 월드 클래스인 호이스트로 교체했기 때문이라고 한다. 아무래도 웨이트 트레이닝 선호도가 높은 남성 회원들은 웨이트 기구의 질에 민감하기 때문이다.

그렇다면 여성 회원이 늘어난 이유는 무엇일까. GOTO 전 지점에서 무료로 제공하는 GX 프로그램 덕이 컸다. GX는 독립된 공간에서 20명 남짓한 회원이 강사의 지도 아래 함께 운동을 한다. 종목도 트램펄린(일명 방방이)을 활용한 점프스포츠처럼 활동적인 것도 있지만, 요가나 필라테스처럼 체력 소모가 적고 연령에 구애받지 않고 즐길 수 있는 종목도 많다. 여성들은 운동을 하면서도 왁자지껄 떠들고 즐기는 것을 선호한다.

실제로 내가 등록한 GOTO 지점의 GX 수업에 참여해봤다. GX는 한 주 전에 미리 신청을 해야 한다. 정오에 시작해 중간 휴식을 포함해 40분간 진행되는 점프스포츠 시간에 들어갔더니 전체 참여인원 20명 중에 남자는 3명뿐이었다.

여성 회원 증가에 못 미치는 여성 트레이너

피트니스 센터를 찾는 여성들이 왜 늘어났는지, 그들은 어떤 프로그램을 선호하는지 등 궁금한 점이 많았다. GOTO 선릉점에서 PT를 맡고 있는 전지혜 트레이너를 만나 최근 피트니스 센터를 찾고 있는 여성 회원들의 동향에 대해 물었다.

"여성의 몸에 대한 사회적 인식이 많이 바뀌었다. 전에는 김민희 배우처럼 마른 몸매를 선호했는데 지금은 걸그룹 씨스타의 멤버인 소유, 효린이나 이효리처럼 건강하고 탄탄한 몸매를 더 좋아한다. 전에는 연예인들이 주로 PT를 했는데 요즘에는 피트니스 센터를 찾는 여성 회원들 중에서 PT를 해봤다는 분들이 상당히 많아졌다."

전 트레이너는 2017년에 입사해 서울 석계점에서 일하다 2019년 3월 선릉점으로 옮겼다. 석계점에서는 오전 시간에 주부 회원들이 주를 이루었는데, 선릉점의 여성 회원 대부분은 20~30대 직장인과 학생이라고 한다. 두 계층의 차이는 명확하다.

주부들은 대부분 어깨, 허리, 무릎 등 몸의 한 구석이 아픈 경우가 많다. 트레이너들은 다양한 운동과 재활 기법을 활용해 신체 밸런스를 맞춰주는데, 그런 도움을 통해 통증이 사라지고 운동에 재미를 붙이게 되면서 재등록을 하게 되는 경우가 많다.

20~30대는 대부분 다이어트를 목적으로 나온다. 체중만 줄이는 게 아니라 '다이어트도 하고 탄력 있는 몸매도 만들자'는 쪽이다. 여름이 되어 민소매 셔츠를 입을 때 팔에 근육이 좀 보이고, 몸에 착 달라붙는 바지를 입을 때 힙업이 되는 몸매를 원한다.

그래서 두 계층은 선호하는 종목도 다르다. 40대 이후는 GX를 좋아하고, 늘 익숙한 프로그램대로 운동하는 걸 원한다. 조금만 프로그램을 바꿔도 어색해하거나 힘들어하는 경우가 많아 조심스럽다고 한다. 20~30대는 큰 공(짐볼)을 던지고 받는 것처럼 활동적이고 다이내믹한 프로그램을 좋아하며, 늘 하던 것만 하면 금방 싫증을 내는 편이다. 웨이트 존에서 운동을 하는 여성의 모습도 많이 달라졌다고 한다.

"예전에는 가슴 운동을 하면 좀 부끄러워하는 경향이 있었는데 요즘은 큰 근육을 써서 기구를 다룰 줄 안다는 걸 자랑스러워한다. 매일 피트니스 센터에 와서 러닝머신만 타는 것보다 웨이트를 하는 자신을 보며 뿌듯해하는 심리가 있는 것 같다. 그렇게 웨이트를 하는 여성 회원들이 늘어나다 보니 오히려 남자 회원들보다 웨이트에 대한 상식이 많은 사람들도 늘고 있다."

전 트레이너에게 여성 트레이너가 늘어나야 하는 것 아니냐고 물었더니 "맞다"며 맞장구를 쳤다. 남성 위주로 운영되어온 피트니스 시설과 프로그램, 분위기 등을 바꾸려면 여성 종사자가 늘어나야 하는 게 정상이다. 또 여성과 남성의 운동에 대한 생각이나 접근법이 다르고, 남성 트레이너를 부담스러워하는 여성 고객도 적지 않다. 남성 트레이너는 아무래도 여성 회원을 관리하는 데 신체적으로나 정신적으로 어려움이 따른다.

"운동은 신체를 쓰는 거라서 신체 접촉을 하느냐 안 하느냐에 따라 효과가 달라진다. 엉덩이 근육을 만져주면서 근육 쓰는 법을 설명하는 것과 '회원님 엉덩이 힘 주세요, 힘 주세요'라고 하는 것은 차이가 크다."

실제로 어떤 피트니스 센터에서는 남성 트레이너가 동작 시범을 보여주는 과정에서 여성 회원의 엉덩이를 건드려 그 회원이 환불을 요구한 적도 있다고 한다. 한국소비자원까지 간 끝에 일부 환불을 받은 사례가 언론에 보도되기도 했다.

여성 트레이너를 존중하는 회사

전 트레이너는 "GOTO는 여성 트레이너를 존중하고, 성장할 수 있도록 이끌어주는 회사"라고 자랑한다. 그는 무려 250 대 1의 경쟁률을 뚫고 서울예술대학교 연극과에 입학했고, 배고픈 연극판에서도 주로 돈 안 되는 창작극만 했다. 월급 30만 원 이상 받은 적이 없어 안 해본 아르바이트가 없었다고 한다. 그러다 성대결절로 스물여덟 살에 연극 무대를 떠나게 됐고, 자신이 잘할 수 있는 분야를 찾아서 트레이너 쪽으로 발을 들이게 됐다. 전 트레이너는 원래 인포메이션 데스크 직원으로 새마을휘트니스에 지원했고, 일을 하면서 트레이너 분야 전문 지식을 쌓을 계획이었다. 그런데 선임 트레이너들이 그들의 노하우를 아낌없이 전수해주고, 할 수 있다고 격려해준 덕분에 처음부터 트레이너로 일할 수 있었다. 전 트레이너는 선배들의 배려에 보답하기 위해 엄청난 노력을 했다고 한다.

"뜻하지도 않게 GOTO 모델을 맡게 돼 얼떨떨했는데, 이제는 GOTO의 건강한 이미지를 대표하는 자리에 서고 싶다는 꿈이 생겼다."

2010

GOTO,
세상 속으로
한 걸음 더 나아가다

2010

GOTO,
세상 속으로
한 걸음 더 나아가다

사랑받는 기업이
되기 위한 조건

구 대표는 지난 9년 동안 매주 월요일 아침 서울 구로동 앤앤에 듀 센터에서 과장급 이상 직원을 모아놓고 회의를 주재했다. 말이 회의지 구 대표가 직원들과 인사하고 자신의 생각과 철학을 바탕으로 최근 이슈에 대해 방향을 잡아주는 시간이다.

회의를 지켜보고 있으면 사랑받는 대표가 되는 조건이 무엇인지 절로 알게 된다. 구 대표는 매우 진실하고 솔직하게, 그리고 편안하게 동생에게 말하듯 직원들과 이야기한다. 그는 자주 "형이 말이야", "형이 그랬어"라고 말을 꺼낸다. 권위에서 나오는 말도 아니고 치기에서 나오는 말도 아니다. 회의 시간에 만날 수 있는 구 대표의 육성을 최대한 그대로 담아 소개한다.

월요회의에서 메시지를 전달하는 구진완 대표

성과를 내고도 보람이 없는 이유

첫째가 되고 싶으면 막내처럼 행동하고 섬기면 된다. 난 대통령이나 정치인이 아니라서 국민을 섬길 수는 없다. 그러나 난 나와 함께하는 사람들이 좋은 기분을 가지면 좋겠고, 자부심을 느끼면 좋겠고, 존중받는다는 느낌을 계속 받으면 좋겠다.

난 어릴 때부터 사람들한테 사랑받고 싶었다. 쟤가 날 좋아했으면 좋겠다고. 남자든 여자든…. 그런데 실패한 경험이 한 번 있었다. 중3 때 남녀 합반이었는데 우리 반 다섯 무리와 다 친하게 지내는 나를 나중에는 다섯 무리 모두가 왕따시켰다. 그때 깨달았다. "타깃을 좁혀야겠다. 많은 사람들에게 사랑받을 수는 있지만 타깃을 좁히는 게 맞다" 그래서 지금도 상당히 폐쇄적이고 낯을 많이 가리는 편이다. 진짜 좋아하는 사람, 가슴으로 진짜 사랑받는 게 중요하다는 걸 중3 때 느꼈으니까.

사랑받고 싶으면 실력도 있어야 한다. 직원들에게 복지를 제공하려면 마음도 있어야 하지만 실력도 있고 운도 따라야 하는 것 아니겠나. 사내 복지에 대해선 자신한테 상식적으로 접근하면 답이 나오는 것 같다. '이 정도 쉬지 않으면 일하기가 힘들더라', '딸아이 얼굴도 못 보고 일하다 보니 문제도 많이 일어나더라' 같은 상식적인 수준. 그래서 내 휴가 일수는 직원들과 똑같다. 그런 게 수평 문화지 존댓말 쓴다고 수평 문화는 아니다.

왜 돈 벌고 뭔가를 이뤘는데 행복하지 않을까. 성과가 나지 않는 친구들을 이끄는 방법은 너무 많다. 경영학자들이 낸 책들이 몇 미터 높이로 쌓일 정도다. 한 트레이너가 자기보다 성과 좋은 후배들 때문에 위축된다고 하자. 내가 이메일 한 통만 보내면 효과는 바로 나온다. 이렇게 쓰는 거다. '재윤아, 참 고생이 많구나. 3개월 안에 650만 원(월 매출) 안 나오면 난 너의 수업료를 50퍼센트 DC할게. 그리고 6개월 안에 750만 원이 안 나오면 미안한데 나가줄래?' 그러면 재윤이는 해내고 말 거다. 이런 것들은 전문가들이 너무 많이 쓰는 경영 기법이다. 타깃 설정하고, 보상하고. 그럼 성과 못 내는 직원들의 50퍼센트 이상이 목표를 달성할 거다. 실적 내기가 얼마나 쉽나. 조금 밉지 않게만 쓰면 된다. '미안한데 나가줄래?'라고.

살다 보면 잊고 사는 게 있다. 성과를 내고 돈도 버는데 왜 보람이 없고, 왜 즐겁지 않을까. 1998년 내가 군대 갔을 땐 폭행이 난무하던 시기였다. (의경으로) 파출소에 갔더니 고참이 샤워를 시켜줬다. 그 한겨울에 찬물로. 너무 추워서 발발 떨고 있는데 씻으라고 한다. 수치스럽지만 그런 생각도 안 든다. 샤워기 들고 있는 고참이 "601기 상경 ○○○, 607기 일경 ○○○"라면서 40명 소대원 전원의 이름과 계급과 기수를 읊어주고 전부 외우라고 한다. 얼굴을 본 사람들도 아니었다. "자, 이제 얘기해 봐" 내가 대답하지 못하고 우물쭈물하고 있으니까 또 물을 갖다 댄다. 또 "601기 누구누구…" 하면 그제야 3분의 1 정도 스캔이 된다. 또 물을 댄다. 이제는 내 모든 오감과 육감을 동원해서 외울 수밖에 없다. 한 번도 외워보지 못한 분량을 그 짧은 시간에 다 외웠다.

그러면 '나는 역시 대단한 능력의 소유자야' 같은 성취감이 있어야 할 것 아닌가. 그런데 가슴속에서 끓어오르는 건 비굴함, 분노, 열등감, 수치심밖에 없는 거다. 미션을 겨우 성공했는데 가슴엔 분노밖에 남은 게 없었다. 이게 세상의 방식, 세일즈의 구조다.

왜 많은 사람이 돈 벌고 뭔가를 이뤘는데 기분이 언짢을까. GOTO가 그렇게 직원들을 몰아붙여서 월 평균 750만 원의 성과를 거두면 뭐 하나. 성과는 올리겠지만 조직은 어떻게 될까. 왜 나에게 쉬운 방법을 쓰지 않느냐고 묻는 사람들이 있다. 그러면 우리 조직 안에 분노와 돈밖에 모르는 사람들만 남을 게 뻔하니까. 길게 못 갈 거니까.

사람이 하는 일, 사람이 전부다

10년 전 나는 우리 회사가 상장되기를 꿈꿨다. 대한민국이 좁으니 함께할 사람 1000명을 데리고 아시아로 나가려고 했다. 그런 사람들과 함께하려고 롱 텀long term을 잡았을 때는 그렇게 돈이나 모멸감 같은 걸로 끌어내면 안 되는 거였다.

면접 볼 때도 갑질이 있다. 우리가 흔히 하는 방식이다.

"어디서 일하셨어요?"

"○○에서 일했습니다."

"그런데 왜 그만두셨어요?"

"○○○ 때문입니다."

"우리 회사 선택하신 이유는요?"

"○○○ 때문입니다."

"네, 제가 오늘 밤 9시까지 문자 보낼게요. 문자 받으시면 출근 준비하면 되겠습니다."

정말 지원자가 괜찮은 사람이라고 생각되면, 아래 내용처럼 빨리 바꿔야 한다.

"선생님, 되게 괜찮으신 거 같아요. 근데 죄송하지만 저희 일이 다른 센터보다 조금 많아요. 저는 정말 같이 일하고 싶은데 선생님이 마음을 단단히 먹으셔야 할 것 같아요. 집에 가셔서 가족 분이랑 상의해보시고 전화 주시면 저희가 일정 같은 사항들을 보내드릴게요. 제가 결정할 건 아닌 것 같고 선생님이 결정하셔야 할 거 같습니다."

이렇게 설명해서 되돌려 보내면 대부분 다시 연락을 해온다. 입사하자마자 '아이 씨, 일하기 싫어. 1년만 바짝 일하고 퇴직금 받고 나가야지' 하는 마음 갖게 해놓고 그 사람에게 온갖 감언이설을 한다고 비뚤어진 마음이 바뀌지 않는다. 처음부터 '와, 이 회사는 달라. 이 팀장도 그렇고. 나한테 선택권을 주다니' 하는 마음이 들면 일하는 자세부터 달라진다. 면접 보는 첫 순간에서부터 상대를 배려하는 마음이 있어야 한다는 말이다.

"우리는 GOTO입니다. 우리 비전은… 우리 급여 테이블은…" 이렇게 면접관이 자신의 위치에서 자아도취되어서 말하는 경우가 있다. 지원자는 우리에 대해 잘 모른다. '그래 너희 잘났다. 들어보니 급여는 괜찮네. 1년간 월 600만~700만 원씩 챙겨서 얼른 PT숍 차려야지' 이런 마음을 먹은 사람은 채용해보면 안 된다. 일하는 자세부터 이미 실패다. 모름지기 우리가 하는 일이라는 것이 사람이 하는 일이고, 그래서 사람을 대하는 자세, 한 끗 차이, 거기서 승부가 나는 거다.

대표와 관리자는 무엇을 하는 사람인가. 부족한 부분을 챙겨주는 게 관리자다. 구 대표는 그걸 알고 있다. 그래서 그는 사랑받기 충분한 CEO다.

이나모리 가즈오를 읽는
CEO

이나모리 가즈오(1932~)는 일본에서 가장 존경받는 '경영의 신神'
이다. 그는 1959년 자본금 300만 엔, 종업원 28명으로 교토세라
믹주식회사(현 교세라)를 설립해 연 매출 5조 엔이 넘는 세계 최고
의 세라믹 회사로 키웠다. 또 2010년 일본 최대 항공사 JAL이 파
산하자 단 3명의 측근만 데리고 '경영 구원투수'로 투입되어 2년
8개월 만에 도쿄증권거래소에 재상장시켰다.

그는 한국 농업의 근대화를 이끈 고故 우장춘 박사의 넷째 사위
며, 대학생 유망주에 불과했던 박지성을 스카우트해 스타로 키워
낸 일본 프로축구 교토 퍼플상가의 구단주였다. '아메바 경영'이
라는 새로운 경영방식을 창조해냈고, 기업 경영뿐만 아니라 세상

을 어떻게 살아가야 할지를 몸으로 보여준 '인생 스승'으로 추앙받고 있다.

그는 "나는 일하는 것, 지금 하고 있는 일을 누구보다 열심히 하는 것이야말로 모든 고통을 이겨내는 만병통치약이며, 고난을 이겨내고 인생을 새롭게 바꿔주는 마이더스의 손이라고 확신한다"고 말했다.

또한 자신의 책《왜 일하는가》를 통해 "나는 내면을 키우기 위해 일한다고 생각한다. 내면을 키우는 것은 오랜 시간 엄격한 수행에 전념해도 이루기 힘들지만, 일에는 그것을 가능하게 하는 엄청난 힘이 숨어 있다. 매일 열심히 일하는 것은 내면을 단련하고 인격을 수양하는 놀라운 작용을 한다"고 자신의 철학을 밝히기도 했다.

이나모리 가즈오의 철학은 말 그대로 '공자님 말씀'만 모아놓은 것 같다. 귀가 닳을 정도로 듣고 또 들은 말이다.

- 무슨 일이든 이룰 수 있다고 다짐하라.
- 모두와 함께 일하고 기쁨을 나누어라.
- 항상 긍정적으로 생각하고 행동하라.
- 다른 사람들에게 선의를 베풀어라.
- 자신보다는 남을 먼저 배려하라.
- 정직하고, 겸손하며, 노력을 아끼지 마라.
- 남의 것을 탐하지 말고, 욕심을 멀리하라.

- 모든 일이 뜻대로 된다고 믿어라.

_《왜 일하는가》 중에서

왜 GOTO가 다른지부터 알아야 한다

구 대표는 이나모리 가즈오의 철학을 닮기 위해 노력한다. 때로는 너무나 기본적인 것을 말하고 있어 진부하게 들린다고 하면서도 그가 말하는 것들을 이루어냈을 때 누구보다 빨리 갈 수 있다고 말한다. 그게 인생의 본질이라고 믿고 있다.

구 대표는 GOTO의 성공 비결을 알고 싶어 하는 피트니스 업계 CEO를 대상으로 특강을 할 때가 있다. 대체로 사람들은 '저들은 어떻게 성장했을까'에만 관심을 가진다. 또 단순히 '저들은 장비를 뭘 쓰지?', '어떤 프로그램을 하나?'에 집중한다. 어설프게 흉내를 내어 가격부터 따라 하는 업체들이 간혹 있었지만, GOTO만큼 성공하지는 못했다.

구 대표의 특강에 자주 동행하는 김인호 GOTO 홍보담당 부장에 따르면 "돈만 있으면 따라 할 수 있는 부분이 있지만 본질적인 건 건드리지 못한다. 경영자의 마음가짐, 직원을 어떻게 대하고 어떤 리더십을 보여줘야 하는지를 읽을 수 있어야 한다. 기술적인 부분은 한 방이면 된다. 센터의 크기는 350평, 지하철 5분 거리, GX 두 개 넣고, 월 이용료는 2만 5000원, 기구는 디렉스와 호이스트. 이렇게만 알려주는 데 15분이면 충분하다. 하지만 CEO가 직원들을 알아야 하고 이해해야 한다는 것을 설명하기에는 부족하다"고 말한다.

구 대표도 "자신이 말하기 싫었던 부분, 숨기고 싶었던 것까지 다 꺼내야 한다. 그러면 상대도 자기 이야기를 하게 되어 있다. 우리가 참으려고 하니까 힘들 뿐, 상대방을 이해하면 참을 수 있다. 인호(김인호 부장)를 내가 스카우트했지만 일하면서 얘가 성격이 왜 이럴까 이해하기 힘든 게 많았다. 미국 출장 가서 살아온 얘기를 하다 보니 왜 이런 행동을 하는지, 이해하려 하는 게 아니라 이해가 되었다"라고 말을 더한다.

운동보다 책을 좋아하는 피트니스 CEO

구 대표는 이나모리 회장이 JAL을 회생시킨 스토리에 깊은 감명을 받았다고 한다. 이를 '순리順理 경영'이라고 정리했다.

이나모리 회장이 JAL에 와서 가장 먼저 착수한 건 임직원들의 '의식개혁'이었다. 가치관과 행동규범이 공유되었을 때 전 직원이 동일한 방향성을 갖게 되고 그것이 조직을 바꾸는 가장 큰 힘이 된다는 게 핵심이자 그의 신념이었다. 그는 맨 처음 '리더 교육'이라는 연수를 실시했다. 사장을 비롯한 경영 간부를 대상으로 시작한 리더 교육은 그 후 과장급까지 확대됐고 이는 JAL의 'V자 회복'을 이끌어낸 원동력이 되었다.

2011년 10월 인터뷰에서 "회장 취임 후 해결하기 위해 가장 노력한 사안이 무엇인가"라는 질문을 받았을 때 이나모리 회장은 "경영진의 마음가짐부터 뜯어고쳐야 한다고 생각했습니다. 마음가짐이란 인간으로서 마땅히 가져야 하는 철학의 문제지요. 아이들도 알 법한 기본적인 것마저 전혀 몸에 배어 있지 않았다는 사실을 야단맞고, 설교를 듣고서야 간신히 알게 되었다는 사람이 하나둘 나타나기 시작했습니다"라고 대답했다.

구 대표도 이나모리 회장의 철학을 경영에 접목했다. 매주 월요일 오전 7시에 과장급 이상, 9시부터는 대리단을 대상으로 회의를 주재했다. 이 회의를 위해 그는 일주일 내내 엄청난 독서와 공부를 했다. 영업 현황과 목표에 대해선 단 한마디도 꺼내지 않았다. 오로지 '사람으로서의 도리'에 대해서만 말했다. 그리고 직원들에게 책을 읽게 했다.

피트니스 산업은 사람을 상대하고 사람을 다루는 일이다. 모든 지점에서 일어나는 경우의 수를 다 따지면 1만 가지도 넘을 텐데 그걸 일일이 다 가르쳐줄 수는 없는 일이다. 대표가 가르치기보다는 책이 그들에게 가르침을 줄 수 있다는 것을 알게 하고, 자신의 부족한 것과 수치스러운 것을 알게 되면 스스로 개선해나가도록 이끌면 된다는 것이 그의 생각이다.

구 대표도 직원들과 함께 읽은 책들의 제목을 일일이 기억하기는 어렵다고 고백한다. 하지만 삶의 순간순간에, 예를 들어 좌절

했을 때, 좋은 결정을 내려야 했을 때, 욕심이 날 때, 화를 낼 때, 피하고 싶을 때처럼 매 순간 성장의 발판으로 작용한 게 바로 독서였다고 했다. 장어나 녹용을 먹으면 눈에 보이는 변화는 없지만 그로 인해 몸이 튼튼해지고 면역력이 좋아지는 것처럼 세상살이에서 중요한 게 책이라는 말이다.

구 대표와 같은 CEO를 꿈꾸는 후배들에게 해주고 싶은 메시지를 전해달라는 말에 그는 옛사람들의 말이 틀린 것 하나도 없으니 그대로 따라 하면 된다면서 몇 마디 덧붙였다.

'백지장도 맞들면 낫다'

"센터에서 말단 직원 한 명이 수건을 정리하고 있다고 생각해보자. 수건을 정리하는 게 뭐 그리 힘든 일일까. 하지만 사소하고 눈에 잘 보이지도 않는 일들을 혼자서 하고 있을 때 관리자가 다가와 거들어주면서 '힘들지? 우리 힘내자' 하고 한마디 해주면 어떨까. 힘이 덜 들고 더 들고의 문제가 아니라 함께하는 따뜻함을 느낄 것이다. 그게 바로 백지장도 맞들면 낫다는 뜻이다. GOTO에서는 본부장이 지점을 방문해 바닥에 붙은 껌을 떼는 경우가 있다. 아마도 직원들이 'A 본부장님을 존경합니다'라고 말을 꺼내는 것은 그런 솔선수범의 모습을 봤기 때문일 것이다."

'말을 꺼냈으면 지켜야 한다'

"존경하는 선배 사장님과 저녁 약속을 했는데 5분 정도 늦을 것 같았다. 전화해서 '대표님, 저 5분 정도 늦습니다. 대신 뛰어 갈게요' 하고 끊었다. 전화를 끊고 나니 살짝 짜증이 났다. '왜 그런 말을 했을까' 하면서도 발은 뛰고 있었다. 왜? 그분이 나를 멀리서 볼 수도 있으니까. 거짓말하고 비겁한 사람으로 비치고 싶진 않으니까. 뛰겠다 했으면 뛰어야지. 이제 그런 허풍은 떨지 않으려고 한다. 이제부터 말조심해야 하겠다. 그런데 어떤 목표에 대해 말을 던져놓으면 힘들어도 그것에 도전하면서 성장하는 경우도 많았다."

'과거의 나를 사랑하라'

구 대표는 후배들에게 한 가지만 더 당부한다며 "무엇이든 오래 해야 한다"고 강조했다. 빨리 성공하는 사람도 있지만, 오래 하면서 실수했던 것들이 힘이 되기 때문이란다. 명함을 만들어 팔기 위해 디자인을 공부했는데 지금은 GOTO에 대한민국 최고 디자이너들이 모여 있다. 댄스학원에서 GX 하다가 망했지만 지금 GX는 GOTO의 메인 프로그램이자 확실한 기업의 컬러로 거듭났다. 돈도 못 받고 숯 파는 일을 했지만 10년 전 새마을휘트니스 1호점을 내면서 쓴 숯 때문에 '친환경'이라는 콘셉트를 잡을 수 있었다. 10년 동안 돈 못 버는 바람에 간절한 마음이 생겼고 순리도 배웠다. 그 오랜 시간 해왔던 일이, 성공이든 실패든 모든 게 한꺼번에 모여 열매를 맺는다. 그러니 오래, 꾸준히 해야 한다는 구 대표의 말에 고개가 끄덕여진다.

이나모리 가즈오 회장이 한 말에서 'JAL'을 'GOTO'로 바꾸면 구 대표가 평소에 하는 말과 95퍼센트 정도는 일치한다.

"제가 생각하는 경영의 목적은 GOTO에서라면 GOTO 직원의 물심양면의 행복을 추구하는 것입니다. 저 자신이 잘되기 위해서라든가, 유명해지기 위해서라든가 그런 목적은 전혀 없습니다. 전 직원이 행복해지는 것이 목적입니다. 그런 철학을 지니고 '나 자신을 희생해서라도 여러분을 지키기 위해서 온 힘을 다하려고 한다'고 호소한다면 직원의 공감을 얻을 수 있습니다."

불가능을 가능하게 하는
메모의 힘

구 대표는 메모광이다. 그는 자신만의 메모 노트를 만들어서 갖고 다닌다.

"우리 회사 직원들은 20대 후반에서 30대 중반이 가장 많다. 아직 결혼도 안 한 젊은 직원들의 마음 알기가 정말 힘들다. 하지만 내가 그 나이 때 했던 고민들을 들춰보면 이들을 이해할 수 있다. 나는 메모가 정말 중요하다고 생각해서 직원들한테도 독서와 메모를 강조한다."

구 대표가 갖고 다니는 노트에는 자신의 캐리커처가 그려져 있고, 'MIMUN NOTE'라고 크게 적혀 있다. 'MIMUN'은 전대미문前代未聞의 미문未聞, 즉 이전에는 없었던 새로운 것을 의미한다. 과거

GOTO 직원들이 사용하는 메모 노트

새마을휘트니스의 슬로건인 '변화, 그 새로움을 위한 노력'처럼 과거를 수용하고 존중하면서도 계속해서 새롭게 변화해야 한다는 구 대표의 소신을 담은 문구다. 또한 GOTO의 직원들 역시 자신들이 적은 메모를 통해 과거를 돌이켜보고 계속해서 성장해 나갔으면 좋겠다는 뜻도 담았다.

　각 페이지 위에는 해시태그(#)로 주제어를 쓸 수 있는 칸이 8개 그려져 있고 그 밑에는 가로줄이 그어져 있다. 구 대표는 이 노트를 직원들에게 판매도 한다. 한 권에 5000원을 받는데 500권이 하루에 다 팔릴 정도로 인기가 좋다. 한꺼번에 20권, 30권 사서 주위 사람들에게 나눠주는 직원도 있다. 수익금 전액은 주변의 어려운 이웃이나 직원들을 돕는 데 사용하며, 회사 내부로도 이 같은 기부 문화를 확산시키려는 바람도 있다고 한다.

스무 살의 자신을 기억하려는 이유

구 대표는 메모를 하는 이유를 '사업 성공' 같은 데서 찾지 않는다. 자신을 기록하고 싶어서, 자신은 소중하니까, 그래서 메모를 남긴다고 했다. 주니어 직원들과의 가치공유 시간에도 메모 이야기는 빠지지 않는다.

"태환아, 너 스물여섯 살 때 생각나?"

"(잠깐 고민하다) 네, 조금⋯."

"그래? 그럼 스물여섯 살 3월 경 생각나? 그때 감정 어땠어?"

"⋯."

"너희는 스스로를 소중하게 여기니? 그런데 스물여섯 때 감정을 몰라? 스물일곱, 스물여덟, 서른 때도⋯. 근데 나중에 이게 어떤 역할을 하는지 아니?"

느닷없이 한 방씩 맞은 직원들은 구 대표의 다음 말에 귀를 기울일 수밖에 없다.

"애들아, 사람이 왜 망가지는 줄 아니? 힘들어서 망가지는 게 아니라 위로를 못 받아서 망가지는 거야. 위로 중에서 제일 큰 위로가 뭘까. '옛날을 생각해 봐. 너 얼마나 성장했는지를 봐. 너 정말 잘하고 있어' 이거야. 내가 성장했다는 걸 증명할 수 있는 건 스물여섯 때의 나와 서른아홉 지금의 나를 비교하는 거야. 그걸 가능하게 하는 게 메모란 말이지."

스물네 살 때부터 메모를 했다는 구 대표는 당시 상황과 기분을 생생하게 들려줬다.

"스물네 살 때 내 모습? '하찮다', '죽고 싶다', '되지 않는 인생' 뭐 이런 생각뿐이야. 스쿼시 연습생 강사로 월급 50만 원 받을 때야. 분당 집에서 서울 신정동까지 왕복 지하철, 휴대전화 요금 이런 거 떼고 나면 밥 사먹을 돈이 없었어. 그래서 아침을 최대한 고봉으로 먹었지. 오후 5시까지 배가 고프지 않을 수 있는 양이 있는데 그렇게는 못 먹으니 오후 2시부터 11시까지 늘 배가 고팠어. 그러고서 밤 11시 넘어 집에 가서 밥을 또 고봉으로 먹어.

또 내 친구들은 부모가 해준 집이 하나씩 있었어. 그때 쓴 메모를 보면 '이것들은 부모가 분당에 집을 하나씩 해줬는데, 그게 3억에서 5억이라네. 트레이너가 되어도 내 월급은 120만 원인데 40만 원만 쓰고 80만 원 저금해도 1년에 960만 원이야. 이걸 30년을 모아야 겨우 쬐그만 집이 생긴다는 거야. 아, 나는 죽어야 돼' 이런 글들이 적혀 있었어. 지금은 그게 우습잖아.

남들은 외롭고 힘들 때 술도 마시고 음악도 듣곤 한다는데, 나는 수백 권이나 되는 메모장 중에서 몇 개를 툭툭 뽑아 보면서 '내가 옛날에 이렇게 한심했는데…' 하면서 웃게 돼. 그게 위로가 되고. 지금은 여섯 살인 내 딸이 스물다섯 될 때 딸과 공감할 수 있을 거라는 생각에 요즘도 열심히 기록하고 있어."

과거의 내가 지금의 나를 만든다

메모가 중요한 또 하나의 이유는 교감의 통로가 되기 때문이다. 사람은 각자의 입장에서 상대를 바라본다. '개구리 올챙이 시절 생각 못 한다'는 속담처럼 힘들고 괴로운 시절의 메모, 자신이 후배 위치에 있고 마냥 을z로 지낼 것만 같았던 시절에 남긴 메모가 없으면 그 시절을 온전히 되짚기 어렵다. 그러면 아랫사람을 제대로 이해하기 어렵다.

주니어 때는 나 혼자 열심히 해서 성과를 내면 좋은 평가를 받지만 팀장이 되면 팀원 전체의 성과로 평가를 받는다. 어떤 후배가 생각만큼 올라와 주지 않아서 전체 팀 평가에 영향을 준다면 그 사원에게 어떻게 대해야 할까. 이럴 때 과거에 적어둔 메모가 있으면 꺼내 읽어보고, '아, 내가 사원 때 이랬지. 성과 강조하는 팀장이 진짜 미웠지' 하면서 그 사원을 이해할 수 있게 된다는 말이다.

구 대표가 가치공유 시간 중에 갑자기 한 트레이너에게 불쑥

말을 던졌다. "지혜야, 난 널 보면 너무 한심해."

당황한 트레이너는 눈만 껌뻑거렸다. 그러자 구 대표가 자신의 얘기를 꺼내기 시작했다.

"내가 서른한 살 때 새벽 6시 첫차를 타고 책 읽으면서 회사에 왔고, 걸어 다니면서도 책을 읽었다. 일주일에 용돈 5만 원, 그걸로 모조리 책을 샀어. 교보문고에 가서 얇은 책은 서서 다 읽어버리고, 그 자리에서 다 읽을 수 없는 두꺼운 책만 샀어. 나는 잠 들 때 어떤 생각을 하다 자본 적이 하루도 없었지. 그냥 고꾸라져서 잠드는 날들뿐이었어."

구 대표가 자신의 과거를 언급하며 그 트레이너에게 한심해서 견딜 수가 없다고 말한 것이다. 너무나 독한 말이었다. 트레이너는 고개를 푹 숙였다. 그제야 구 대표가 웃으며 본심을 말했다.

"사람은 스스로를 왜곡된 모습으로, 괜찮은 사람으로 기억하지. 내가 그렇게 책을 많이 본 건 여자친구를 붙잡기 위해서였어. 신용불량자가 되고 내가 가진 것은 아무것도 없는데 여친까지 떠나면 안 되니까 오버액션을 한 거였어. 새벽에 여친과 통화하면서 '오빠, 왜 이렇게 일찍 나온 거야?'라는 질문을 받으면 '어, 그게 말이야. 앉아서 책 보려고. 첫차 타면 앉아서 갈 수 있잖아' 하고 대답하려는 속셈이었지. 그렇게 하는 시늉만 한 거였어. 그런 나 자신이 스스로 자율적으로 움직인 걸로 착각한 거였지.

여러분은 가식으로 꾸며진 내 20대, 30대에 비하면 훨씬 정직하고 진지해. 여러분이 나보다 더 훌륭하다는 뜻이지. 나한테 그 시절의 메모가 없었다면 그 사실을 모르고 평생 꼰대 노릇이나 했을 거야."

일본에서 비행기 퍼스트클래스 담당 스튜어디스로 16년을 근무한 미즈키 아키코의 책 《퍼스트클래스 승객은 펜을 빌리지 않는다》를 보면 저자는 제목처럼 퍼스트클래스에서 근무할 때 펜을 빌려달라는 부탁을 단 한 번도 받은 적이 없다고 한다. 1등석 승객들은 항상 메모를 하는 습관이 있기 때문에 모두 자신만의 필기구를 지니고 다니기 때문이란다. 그리고 '메모는 최고의 성공 도구'라고 강조하는 저자는 메모하지 않는 사람은 늘 "저는 ○○인 줄 알았습니다", "저는 ○○로 할 생각이었는데요"라는 식의 변명만 늘어놓을 뿐이라고 한다. 수백 권의 메모 노트가 재산목록 1호인 구 대표도 메모의 힘을 강조한다.

"메모 노트는 겹겹이 쌓인 내 모습이다. 나의 총체적인 지성이 메모에 담겨 있다. 많은 세대를 상대하면서 그 나이 또래의 내 감성을 들춰보고 자신을 판단하곤 한다. 그래서 좋은 판단을 할 때가 많은 것 같다."

모든 재능을 내어줄 수 있는
스승 같은 CEO

이제 다 왔다. GOTO호를 타고 구 대표와 함께했던 여행. 그가 살아온 여정, 새마을휘트니스에서 시작해 GOTO까지 일궈온 과정, GOTO가 그리는 아름다운 비전까지….

구 대표는 신입 직원들과 '가치공유' 모임을 끝낼 때쯤 자신이 쓴 메모를 보여준다. 거기엔 서른다섯 살부터 마흔다섯 살까지 6단계로 나눠 시기별 과업과 구체적인 활동 사항 및 목표를 표로 정리해놨다.

"9년 전에 쓴 걸 지금까지 하나도 안 바꿨다. 오타도 그대로 있다. 혹시나 그 나이에 못 이룰까 봐 만滿 나이로 했다. 그런데 다 이루고 보니 꿈을 너무 루즈하게 잡았던 것 같다."

내가 옳다고 느꼈던 순간

새로운 꿈을 찾아 길을 나서는 구 대표를 인터뷰했다. 살면서 통쾌했던 순간이 있었는지를 물었다. "업계에서 그렇게 돈 많이 벌려고 애쓰는 사람들이 있었는데 그들의 충고와 예상이 보기 좋게 빗나갔음을 확인했을 때"라고 했다.

그들은 구 대표에게 바보라고 했다.

"동생, 그렇게 하면 돈 못 벌어. 트레이너한테 그렇게 주면 돈 어떻게 벌어."

"형님, 애들하고 그렇게 친하게 지내지 마세요. 애들은 경쟁 시켜야 돼요."

"진완아, 내가 널 존중하지만 세상은 그런 게 아냐…."

구 대표는 이런 말들을 들으며 지금까지 버텨왔다고 했다. 지금은 주변에서 자신에게 질책하던 사람들이 다 어디 갔는지 모른단다. 어떤 사람은 감방 갔다는 소식을 듣기도 했다. 아무리 욕심 부리고 오버해도 안 된다는 걸 알았기 때문에 철학과 신념을 갖고 살았다고 구 대표는 당당히 말했다.

지금껏 살면서 많은 걸 팔아봤을 텐데, 정말 팔고 싶은 게 뭐냐고 물었다. 그는 "나 자신을 팔고 싶다"고 했다.

처음엔 1만 원짜리 명함, 다음엔 33만 원짜리 회원권, 그다음엔 센터(지점)를 팔았다. 예전에 3억 원 투자를 받았다면 이번에는 252억 원을 받았다. 이제는 1000억 원짜리를 판다고 한들 큰 의미는 없다. '구진완 하면 사람, 기획, 창의, 평판, 성실, 끈기, 열정 다 있다'고 인정하는 사람은 그의 능력과 자산을 2000억 원이든 3000억 원이든 주고 살 거라는 계산이다. 그런 사람과 함께 정말 자주적인 일을 해보고 싶은 게 구 대표의 꿈이다. 앤앤컴퍼니는 주주도 있고 투자자도 있고 직원들 먹고사는 것도 챙겨야 하기 때문에 너무 많은 걸 생각해야 한다. 이런 것에 발목 잡히지 않고 내 일을 해보고 싶다고 했는데, 그건 스포츠 헬스 산업과 전혀 관련 없을 수도 있다고 한다.

내가 경계하는 사람

직장에서 가장 위험한 사람은 누구일까. 구 대표는 숨 쉴 틈도 없이 "생각이 건전하지 않은 CEO"라고 말했다. 모든 걸 한순간에 무너뜨릴 수 있으니까.

어느 날 갑자기 기존의 급여 테이블을 없애버리거나, PT 커미션을 30퍼센트 줄인다고 선언한 뒤 "회사가 너무 힘듭니다. 미안합니다" 하면 어쩔 거냐고 구 대표가 반문했다. 회사 방침이라고 하면 분노하겠지만 분노는 분노일 뿐이다. 회사만 믿고 정말 열심히 했는데 "어, 이 길이 아닌가 보네. 이제 저 길로 가시죠" 하면 어떻게 하나. 그만큼 오너는 중요하다는 거다. 자신은 10년 신뢰가 있고, 건전한 정신을 갖고 있다고 구 대표는 당당하게 말했다.

내가 꿈꾸는 회사

구 대표가 진정 그리는 회사는 어떤 모습일까. 그는 "이익 내고 상장하는 회사는 어찌 보면 별로 어렵지 않다. 내가 하고 싶은 건 위대한 회사"라고 대답했다.

직원들이 '난 회사의 부속품이니까'라고 느끼지 않는 회사가 됐으면 좋겠다고 했다. 많은 사람들이 자신들이 함께 살아간 방식을 공유하고, 대한민국에서 특별한 문화를 가진 팀을 만들고 싶은 게 그의 오랜 소망이었다. 이런 삶에 대해 '추상적이다', '너 피터팬이냐' 하는 멸시와 조롱을 많이 받았지만 지금은 확신만 남았다고 한다. '이거 할 수 있겠구나. 내 뜻을 알고, 세상이 이렇게 흘러가는 것을 부정하고, 사람을 렌터카처럼 쓰고 버리면 안 된다는 걸 교감하는 많은 사람들이 내 곁에 있구나' 하는 걸 어느 순간 깨닫게 됐다고 한다.

구 대표는 훗날 일본의 호시노 리조트 같은 걸 만들어보고 싶다고 했다. 그는 기존 호텔이나 리조트처럼 이미 만들어져 있는 환경이 아니라 진정한 환대를 경험할 수 있는 곳, 진정한 호스피탈리티를 만들어보고 싶은 꿈이 있다. '좋아하는 사람을 반겨본 경험'을 진짜 환대라고 믿는 구 대표는 '불쾌하지 않은 것'과 '정말 유쾌한 것'은 완전히 다르다는 기준을 갖고 있다. 어렸을 적 한 번도 아버지랑 1박 2일 여행을 가본 적이 없다는 그는 어렸을 때 가난해서 경험해보지 못한 세계를 좋은 시설과 저렴한 가격으로 구현해내고 싶다고 했다.

최근 그는 미국에 뭔가를 수출해보고 싶어서 미국의 요식업을 들여다보고 있다고 한다. 중국음식을 조금씩 퍼서 주는 판다 익스프레스가 성공한 것처럼 한국식 치킨이나 튀김 요리가 경쟁력 있을 것 같다는 게 그의 생각이다. 외국인들은 한국의 갈릭치킨이나 양념치킨 같은 걸 좋아하니까 깐풍기처럼 달짝지근하게 만들면 좋을 것 같고, 호떡도 좋은데 좀 더 진화해야 한다면서 그는 구체적인 아이템까지 제시했다.

"하루 10시간 이상 호떡을 만들어 팔 수 있는 에너지 있는 친구 10명을 모아 뉴욕에 호떡 매장 10개 론칭하고, 성공하면 또 다른 데로 옮기는 거다. 가게는 세 평 정도면 충분하고, 종이 포장 예쁘게 해서 바로 먹을 수 있게 하면 된다."

인생의 멘토를 만나다

구 대표에게는 인생의 멘토가 있다. 앤앤컴퍼니 이성용 고문이다. 그는 세계 3대 컨설팅 회사인 베인앤컴퍼니의 아시아 금융 분야 공동대표였다. 미국 육군사관학교인 웨스트포인트를 졸업하고 하버드 경영대학원에서 석사학위를 받았다. 한국에서도 삼성, 현대, LG 등을 컨설팅했다.

"예전부터 스승이 있었으면 좋겠다고 생각했는데 우리 회사 비

구진완 대표의 인생 멘토인 이성용 고문(왼쪽)

전이 좋다고 같이 한번 해보자고 하셨다. 최고의 경영 컨설턴트이
자 최고의 코치를 고문으로 모셨으니 얼마나 든든했겠나. 대화도
자유스러웠고 자상하게 영어 발음도 가르쳐주셨다."

　구 대표는 그를 통해 해외를 볼 수 있고, 조兆 단위 매출을 꿈꿀
수 있는 스케일을 배웠다고 한다. 숫자 보는 게 불편했던 구 대표
에게 그는 "공부해야 한다. 잘하는 건 잘하는 거지만 알 건 알고
가야 한다"고 끊임없이 자극을 줬다고 한다. 처음 투자를 받는데
252억 원이나 되는 규모 때문에 두려웠지만 이 고문이 곁에 있는
것만으로도 든든했다고 고백한다. 지금도 이 고문은 매주 화요일

임원회의에 참석해 핵심을 짚어주신다고 한다. 그럼에도 구 대표는 너무 뛰어난 거물을 모시면서 겪었던 마음고생을 솔직히 털어 놨다.

특히 매주 미팅을 한 뒤에 한강변에서 같이 소주를 마셨는데 영어를 너무 많이 쓰셔서 못 알아듣고, 집에 갈 때마다 열등감 때문에 힘들었다고 한다. 너무 좋으면서도 간섭받는 느낌을 받았지만 워낙 뛰어나고 센 분이라 함부로 말도 못했다. 오너로서 정체성이 흔들리는 게 힘들어서 "고문님과 큰 그림 그리기는 힘들 것 같습니다"고 말씀드리고 일본으로 출장을 핑계 삼아 도망간 적도 있다고 한다. 그때마다 이 고문은 "자네 잘될 것 같아. 난 수많은 CEO들을 봤지만 자네는 정말 잘할 수 있을 것 같은데, 다시 한 번 생각해 봐"라고 하면서 구 대표를 설득했다고 한다.

"일본 가서 고민해보니까 우리 회사를 지키려면 투자를 받아야 하고, 내가 여기서 도전하지 않는다면 동네 구멍가게 왕, 산적으로 살 수밖에 없을 것 같았다. 다시 돌아와 그때부터 투정 안 부리고 하라는 공부 더 열심히 했다."

내가 꿈꾸는 CEO

자신이 어떤 CEO인 것 같은지 묻자 구 대표는 뜬금없이 얼마 전에 봤다는 영화 〈코치 카터〉를 언급했다. 카터는 1970년대 미국

리치먼드 고교 농구부 감독이었다. 그는 무엇보다 학업을 중요시하고 기본기에 충실하라고 가르친 사람이다. 구 대표는 영화를 보는 내내 가슴이 떨리면서 '난 감독이 되고 싶었던 거구나' 하는 확신이 왔다고 한다. 쉰 살에 사업을 끝내고 나면 또 다른 길을 가고 싶다고 한 그는 동생들과 영원히 갈 수 없기에 징검다리가 되고 싶었다고 했다.

"아무것도 없는 내가 이렇게 성장했으니 너희들도 할 수 있어. 그러니 너희도 창업을 해라. 내가 도와줄게."

구 대표는 동생들이 자주적으로 성공할 수 있도록, 감독 같은 마음으로 경영을 한 것 같다면서 자신이 걸어온 길을 되돌아봤다. 학생들이 두려워할 때마다 "너희들이 자랑스럽다. 너희들이 하는 것만 지키면 승리할 거야"라고 격려하며, 더 높은 레벨에서 뛸 수 있도록 이끌어 준 코치 카터처럼….

구 대표가 2010년에 쓴 목표 중 마흔에서 마흔다섯 살 사이에 '책 쓰기'라는 목표가 있다. 그는 과연 어떤 책을 쓰고 싶었을까. 그가 서른네 살쯤에 읽었던 책이 있다. 너무 오래전에 읽은 책이라 제목도 기억하지 못했다. 하지만 '어떻게 하면 자넬 도울 수 있겠나'라는 문구만은 기억 속에 선명하게 남아 있다고 한다. 주인공을 어릴 적부터 키워준 스승이 있었다. 그가 죽을병에 걸렸다는 소식을 들은 주인공이 스승의 임종 직전에 찾아갔다. 그러자 스승이 "오, 자네 어떻게 왔나" 하면서 제자의 근황을 물었다. 주인공이 자신의 어려움을 이야기하자 스승은 "아, 그래? 어떻게 하면 자넬 도울 수 있을까" 하고 되물었다고 한다.

죽음을 앞두고 병상에 누워 있는 사람이 그 말을 하는 걸 보고 구 대표는 깊은 감명을 받았다. 그러고는 '내가 바로 그런 사람이 될 거다. 책을 쓰면 그런 주제로 쓰겠다'고 다짐했다고 한다. 그가 언젠가 쓸 책을 기대한다. 제목은 '어떻게 하면 널 도울 수 있겠니' 정도가 아닐까.

변화를 위한 노력,
그 끝에 비상 飛上이 있기를

원래 마지막 글은 구 대표가 직원들에게 보내는 편지 형식으로 할 생각이었다. 그러다가 구 대표의 메시지는 책을 통해 충분히 전달됐기 때문에, 반대로 직원이 대표에게 보내는 글로 하는 게 좋겠다 싶었다.

누가 적임자일까? 가족이자 동료로 10년 세월을 함께해온 이희주 GOTO 브랜드전략 이사만 한 사람이 없겠다는 결론을 내렸다. 그녀는 구 대표의 배우자이자 여섯 살 딸 다연이를 키우고 있는 워킹맘이기도 하다.

친애하는 나의 남편이자 보스.

'변화, 그 새로움을 위한 노력'

새마을휘트니스의 시작은 '사람'이었던 걸 너무 잘 알고 있습니다. 함께해온 모든 이들이 당신과 함께 각자의 변화를 꿈꾸며 어떤 이는 자기가 생활했던 터를 버리고, 해오던 공부를 저버리고, 해왔던 전공을 넘어서고, 모든 생활을 뒤로하고 전심으로 임하기까지, 당신이 해온 사람과의 관계와 이해에 대한 노력이 얼마나 큰 가능성으로 우리에게 자리를 잡았는지를 알고 있습니다.

아직은 성공이라 말하기보다는 당신과 많은 사람들이 얼마나 많은 노력으로 우리 회사 식구들의 안정을 이뤄왔는가에 대한 이야기를 하는 것이 맞을 듯합니다. 누구보다도 변화를 위한 노력의 일선에서 전심을 다한 당신의 모습으로 많은 사람들이 바뀐 걸 알고 있습니다. 일에 있어서만큼은 나 또한 대표로서의 당신의 영향력으로 성장해왔습니다.

결혼 9년 차, 내년이면 10년 차가 되네요. 결혼 초반 나에게 "꿈이 무엇이냐"고 물어보는 질문이 어찌나 싫고 숨 막히던지 모릅니다. '꼭 꿈이 있어야 하나. 나 또한 전심으로 일을 하고 전심으로 열정을 다해 회사에 임하고 있는데…', '회사의 일을 떠나 꿈을 꾸지 않으면 내가 하고 있는 일이 헛된 일인가' 싶어 참으로 고심이 많

있습니다. 그랬던 내가 이제는 꿈을 꾸고 있네요. 내 손으로 가꾼 브랜드의 비상을 꿈꿉니다.

잘나가는 주변의 선배들이나 친구들이 나에게 물었습니다. 헬스장에 디자인할 것이 뭐가 있냐고. 한때는 디자이너인 나도 경제적인 여건 때문에, 시간 때문에, 매출 때문에 브랜드를 통해 이루고 싶은 많은 것들을 시도해보지도 못하고, 내가 가진 최선의 노력을 했어도 결과적으로 부족하고 부끄럽기도 했습니다.

5년 전 당신이 나에게 와서 "희주야, 친구들 선배들이 부럽니? 넌 너의 브랜드를 갖고 있는데. 그게 정말 부럽니?"라고 한 말에 한참을 멍하니 바라보기만 했었습니다. 그리고 그 후로 지금까지 나는 꿈을 꾸었습니다. 앞으로도 꿈을 꿀 겁니다. 혼자가 아닌, 당신이 해왔듯 나도 이제는 나의 동료들과 함께 꿈을 꾸려고 합니다.

'변화, 그 새로움을 위한 노력'이라는 슬로건은 13년 전 실패에도 새로운 변화를 꿈꿨던 당신을 보고 만들었습니다. 이제는 그 의미가 나와 수많은 우리의 동료들에게 진정한 자기만의 노력과 변화의 의미가 되어 가슴속에 새겨질 듯합니다.

올해 3월 초 SPOEX 때 새마을휘트니스가 GOTO로 다시 한 번 새롭게 도약했습니다. SPOEX 마지막 날 철거되던 새마을휘트니스의 랜티큘러(입체 포스터)를 보고 한참이나 마음이 울려 철거되는 내내 자리를 뜨지 못했습니다. 당신과 나 또는 우리 동료들의 10년의 세월을 담은 1막이 끝나는 듯한 마음과 성장한 자식 떠나보내는 듯한 뿌듯함, 서운함에 한참을 바라보며 '고맙다, 감사하다, 잘 버텼다, 잘해줬다'고 혼자서 이야기하고 또 중얼거렸습니다. 그리고 그 말은 내가 당신에게도 하고 싶었던 이야기였습니다.

마지막으로 동료가 아닌 아내로 이야기하고 싶네요. 우리가 가야할 길이 아직도 멀다는 걸 너무 잘 알고 있습니다. 당신의 두 어깨의 무게가 너무나도 무겁다는 것도 알고 있고요. 앞으로는 무거운 어깨의 짐을 덜었으면 하는 바람도 있어요. 다연이에게 우리 스스로 인생에 최선을 다하고, 다연이를 최고로 사랑해주는 아빠와 엄마라는 것을 알려주려면 무엇보다도 우리의 건강과 우리 셋의 시간도 많이 필요할 듯해요. 나에게 든든하고 의지가 되는 남편으로 항상 함께해주세요.

P.S.
평소에 표현 많이 하지 못해 미안합니다.
그리고 많이 고마워요.

2만원의 철학

초판 1쇄 2019년 8월 8일

지은이 | 정영재

발행인 | 이상언
제작총괄 | 이정아
편집장 | 조한별
편집 | 최민경, 심보경
마케팅 | 김주희, 이선행

진행 | 김승규
디자인 | 길하나

발행처 | 중앙일보플러스(주)
주소 | (04517) 서울시 중구 통일로 86 4층
등록 | 2008년 1월 25일 제2014-000178호
판매 | 1588-0950
제작 | (02) 6416-3950
홈페이지 | jbooks.joins.com
네이버 포스트 | post.naver.com/joongangbooks

ⓒ 정영재, 2019

ISBN 978-89-278-1035-3 03320

- 이 책은 저작권법에 따라 보호받는 저작물이므로 무단 전재와 무단 복제를 금하며
  책 내용의 전부 또는 일부를 이용하려면 반드시 저작권자와 중앙일보플러스(주)의
  서면 동의를 받아야 합니다.
- 책값은 뒤표지에 있습니다.
- 잘못된 책은 구입처에서 바꿔 드립니다.
- 이 도서의 국립중앙도서관 출판예정도서목록(CIP)은 서지정보유통지원시스템 홈페이지
  (http://seoji.nl.go.kr)와 국가자료종합목록 구축시스템(http://kolis-net.nl.go.kr)에서
  이용하실 수 있습니다. (CIP제어번호 : CIP2019028479)

중앙북스는 중앙일보플러스(주)의 단행본 출판 브랜드입니다.